のんびりぶらり。
やすみながらの約3時間

段差0《ゼロ》の東京の歴史さんぽ

江戸歩き案内人
黒田 涼

オレンジページ

はじめに

「歴史名所巡りしたいけど足腰に自信がなくて」「杖突いてるし」「車いすは無理ですよね」とあきらめているみなさん。大丈夫です。この本を読んで東京の史跡を楽しんでください。

江戸・東京の歴史散策ガイドを始めて15年ほどになり、多い月で300㎞ほど23区内を歩いてます。普通の方は生活圏があって、毎日だいたい同じところを行き来すると思いますが、私は東京のあちこちを訪れ、いつもその多様性に感心しています。

そこで気になる風景があります。平日昼間の住宅街など宅配業者でもない限り歩かないと思いますが、歩いてみると杖を突く人、シルバーカー（高齢者用の座れる手押し車）を押す人、足が不自由そうな人、細かい歩幅で一生懸命歩く人、本当に大勢見かけます。通勤通学時間帯しか街に出ないとわからないと思います。歩行弱者が実に多いのです。

そんな人たちに東京の街の造りは優しいでしょうか？

私の散策のお客様は高齢の方が多いです。足腰の丈夫な方がほとんどですが、時たま段差でつまずいて転ぶ方もいらっしゃいます。先導の私は「階段があります！」「段差です！」といつも声がけして注意喚起が必要です。それが東京の街の実態です。

歩きやすい街が必要なのは高齢者だけではありません。子供、子供づれの親、視覚・聴覚・内部障害などのある方にとっても歩きやすい街は優しいです。子供が小さい頃、ベビーカーを抱えて階段を上り下りするのは本当に大変でした。

東京は地下鉄がほぼバリアフリー化されるなど、近年かなり改善されました。公衆トイレの多くは多機能です。大規模再開発地区などはとても快適です。しかし歩道の段差、街のレストランや商店などは、弱者に快適とはいえません。電柱地中化はどうなったのでしょう？

私は全ての人に歴史散策の楽しさを知ってもらいたい。そのためにはもっと街のバリアフリー化を広げてほしい。この本は、バリアフリー化がある程度進んだ今だからこそ書けたと思います。しかしまだまだです。ここで紹介した12コースは、行程に「段差ゼロ」「車いすでも楽しめること」を基準に選びましたが、一方で未だご紹介できない地区も多いのです。

ご紹介コースの中でも注意しなければならないポイントは数多く、元気な方には不要な遠回りを強いている場合もあります。もっと改善を進めてほしい！　そうした願いも込めて、この本を書きました。世界一の高齢国家日本を嘆くことも多いですが、であればこそ、世界一高齢者や移動弱者に優しい国造りをすればいいと思います。世界の人が驚く「歩いて観光しやすい街・東京」。そんな旗印を掲げていくのも、一つの道ではないでしょうか？


本書執筆にあたっては、「段差ゼロ」をモットーに再三歩いて確認したつもりですが、不備やその後の変化もあるかもしれません。ご指摘いただければ幸いです。この本の散策コースは歩いて楽ちんなコースばかりです。普段歩き慣れない方でも不安なく楽しめると思います。ぜひご活用ください。

段差ゼロの東京歴史さんぽ　目次

愛宕・愛宕神社の出世の石段

両国・吉良邸跡の案内板

新宿・太宗寺の巨大地蔵

深川・曲亭馬琴誕生の地のモニュメント

この本の楽しみ方

「段差ゼロ」について

■この本は、段差の軽減に配慮されたルートで巡る12のコースを紹介しています。段差は厳密には、歩道と車道、寺社などの敷地内外の境目などに存在しますが、段差を少なくする、スロープをつけるなど、段差を減らす造りになっているルートを「段差ゼロ」として紹介しています。

■段差はなくても傾斜があったり、石畳や砂利道、舗装の傷みなど、車いすだと通過しにくい場所もあります。事前に本書をお読みいただき、心配であれば介助者に同行いただくなど、安全に楽しんでいただくことをおすすめします。

■コース以外でご紹介するお店は基本的にバリアフリーですが、中には段差があるお店もあります。ただいずれも車いすに理解があり、スタッフが入店を手伝ってくれる店もあります。ただしトイレは介助が必要な場合も。事前の連絡や予約が必要な店もありますので説明をチェックしてからお出かけください。

コースについて

■いずれも移動はほぼ3時間以内を目安にまわれるコースを紹介しています。休憩時間や、「足を延ばして」などコース外の立ち寄り場所はこの時間に含みませんので、充分な時間の余裕をもってお出かけください。

■コースを踏破する楽しみは格別ですが、行って帰るルートをはしょったり、今日はここまでと途中休止し、次はそこからスタートするなども思うまま。体力と相談しながら無理なくお楽しみください。

■同じコースでも季節を変えると、また新しい魅力を発見できると思います。ぜひ繰り返し訪れて季節ならではのよさを味わってください。

使い方について

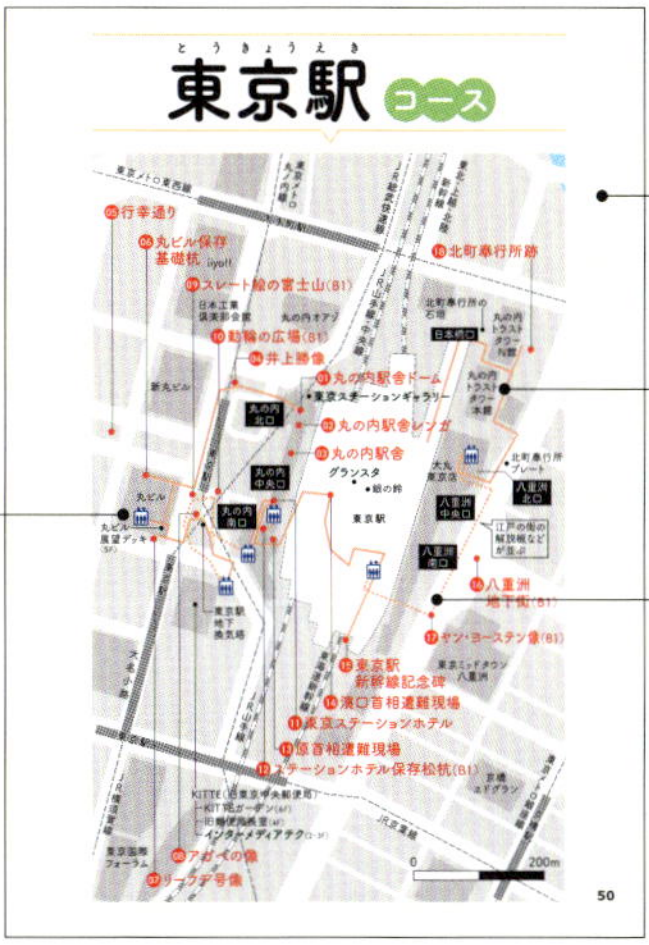

冒頭の地図はコース全体のルートを説明しています。見どころや目印になる建物名などを記載しています。

地図内のルート上で使うエレベーターにつけています。

地図内のルートを説明しています。

地図内の地下ルートを説明しています。

ベンチやテーブルで小休止できる場所につけています。

多機能トイレがある場所につけています。ただ場所の変更や使用不可の場合もありますので、早めにご利用ください。

見どころ 19 熈代勝覧 見どころとなるポイントの歴史や注目点を解説しています。

案内 コースの起点となる駅からのルートを説明しています。

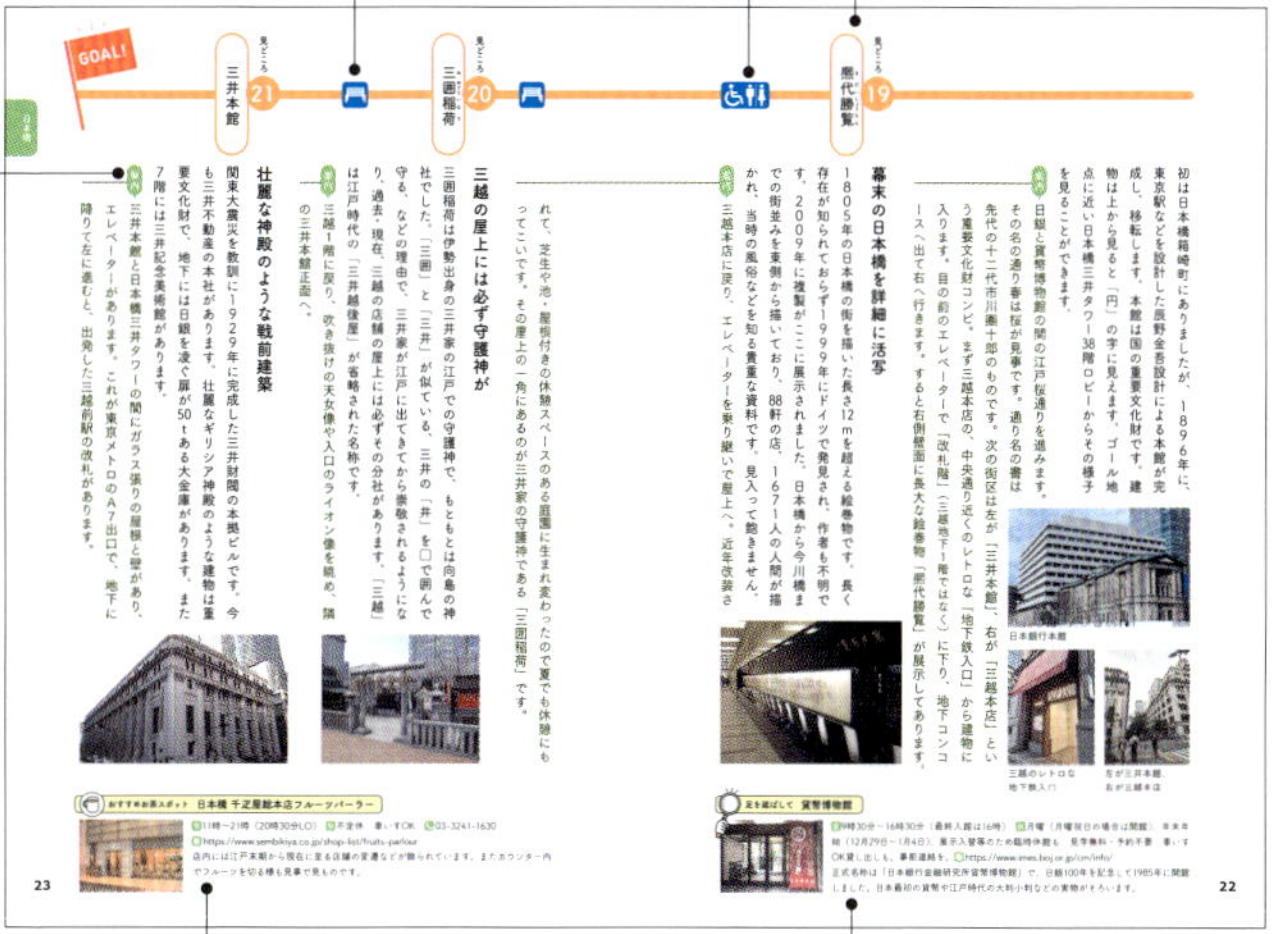

「足を延ばして」「おすすめごはんスポット」「おすすめお茶スポット」「おすすめおみやげスポット」はルート上から近く、ぜひ訪ねていただきたい施設や店を紹介しています。いずれも車いすOKですが、段差があったり予約や事前連絡が必要な場所もありますのでご注意ください。

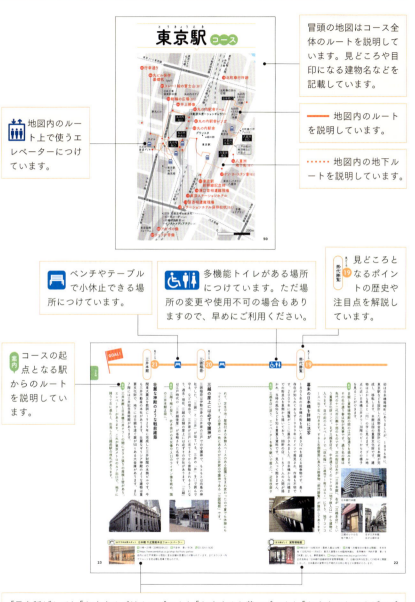

日本橋《にほんばし》コース

江戸の中心は真っ平ら！史跡も多数、見どころ満載

江戸の街の中心地だった日本橋地区は、数百m四方しかないエリアながら今も都心有数の商業地。近年の再開発でバリアフリー化も進み、ほぼ真っ平らな地形で足に自信がなくても楽々散策できます。江戸時代から続く格調高い街並みを歩きながら、飲食・雑貨等多くの老舗を楽しめるのも長所の街です。オランダ人カピタン（商館長）が歩き、松尾芭蕉や与謝蕪村も住んだ街。日本経済の原点を偲べる場所もあり、歴史散策には理想的です。

日本橋の歴史

徳川家康の江戸入府以前から町があったとも言われますが、その頃のことは史料も少なくよくわかっていません。はっきりしているのは、1590年に家康が江戸入りして、この場所を江戸の町人地の中心と定めた、ということ。家康は現在の中央通りを整備し、1603年に日本橋を架けました。のちに橋が五街道の起点とされ、日本国の中心となります。街には呉服商や両替商などの大店《おおだな》が軒を連ね、栄華を誇りました。明治維新後もその繁栄は続き、昭和の初め、銀座に小売業売上高日本一の座を譲りましたが、近年の再開発で娯楽施設や路面の飲食店などが増え、存在感を増しています。家康の江戸入りから400年以上経った今も人気が衰えない街です。

◉戦前建設の日本最初の地下鉄路線駅

東京メトロ銀座線三越前駅

—ホームドア…○—エレベーター…1—多機能トイレ（改札外）…1—

案内　ホーム浅草寄り（6号車付近）の「室町三丁目方面エレベーター」に乗り、室町三丁目方面改札へ。車いす幅の改札あり。出たら左前方、「コレド室町テラス」地下エントランスへ。左奥のエレベーターから1階に。降りると前方やや右に「十軒店跡」の解説板があります。

見どころ 01 十軒店跡《じっけんだな》

ひな人形店で賑わった街

ひな人形を飾る風習が広がったのは江戸時代。その初期から、このあたりに節句の人形を売る店が10軒あり、通り両側の町名となりました。江戸の中期には店は40軒ほどにもなったそうで、ひな祭りの季節には露店も出て賑わいました。解説板の浮世絵には人形を買い求める人たちが群集する様子を描いた葛飾北斎の絵が掲げられています。

案内　解説板の左後ろ、コレド室町テラスの大屋根下の広場を横切ります。この広場はいすやテーブル、ベンチがあり、自由に座れる休憩スポット。そして広場南側の道路に面した右側に茂みがあり、その裏にベンチと「江戸で最初の町割の地」の解説板があります。

見どころ 02 江戸で最初の町割の地

江戸の街づくり出発点

1590年に江戸に入った徳川家康は、先の解説板に面した道路を江戸のメインストリートと定め、ここを基準に街区を整備して江戸の商業地を造っていきました。今も「本町通り」の名

がつきます。北東に進むこの道はかつての日光街道でもあり、江戸を代表する大店《おおだな》が立ち並んでいました。江戸時代の日本橋の地図が掲示されており、今とは違い多くの水路が走る様子に驚きます。

案内　背後のコレド室町テラスに入り右へ。中央通りを左に曲がって「室町三丁目交差点」に出ます。斜め向かいに見える証券会社ビル前に渡り、ビルの左、神田駅方面へ。右側最初の角を入ると、路地の左側に「時の鐘跡」「与謝蕪村旧居」の解説板があります。さらに路面に「時の鐘通り」のレリーフもあります。

見どころ 03

時の鐘跡

江戸で時刻を知らせた最初の鐘

江戸の町の時刻は当初、江戸城内で鐘を撞《つ》いて知らせていましたが、城内から「うるさい」との声が出て取りやめとなりました。それでは江戸市民が時を知るのに不便だと、1626年、この場所に200坪の鐘撞堂を建て、時刻を知らせることとしました。これが江戸で最初の「時の鐘」です。以後市街の拡大とともに広まり、多い時代で10か所ほどの時の鐘が設置され、鐘が聞こえる範囲から鐘撞料を徴収し運営していました。本石町《ほんごくちょう》の鐘は、少し離れた人形町の十思《じっし》公園に保存展示してあります。

見どころ 04

与謝蕪村旧居

芭蕉と並ぶ俳聖の住居跡

時の鐘近く、早野巴人《はじん》という俳人の住んだ「夜半亭」という家がありました。若き日の与謝蕪

村（1716〜1783）は早野に師事し、俳諧の修行をしながら、ここに1742年まで住んでいました。案内板には俳句を詠む若き蕪村の姿が描かれています。

案内 「室町三丁目交差点」に戻り左に行くと、すぐ左にJR新日本橋駅の入口があり、その脇に「長崎屋跡」の解説板があります。

見どころ 05 長崎屋跡

海外との江戸唯一の窓

長崎屋は江戸時代の薬種問屋でしたが、江戸前期には毎年、後期には4年に1回行われた長崎・出島のオランダ商館長江戸参府の際の宿に指定されていました。「鎖国」下で海外の情報が極めて限られていた中で、直接外国人から情報を得られる可能性のある長崎屋には、参府のたびに蘭学者らが訪れて大変な騒ぎでした。江戸入りの際、商館長は行列で歩いてきましたが、沿道は見物人で埋められました。解説板には当時の騒ぎを描いた葛飾北斎の絵があります。

案内 室町三丁目交差点から中央通りを銀座方面に進み、次の「室町三丁目南交差点」で左に入ります。この道は先ほど紹介した旧日光街道です。すぐ右の武田薬品工業本社ビル前に「本町薬問屋発祥の町」の碑があります。

見どころ 06 本町薬問屋発祥の町碑

江戸での薬販売の中心地

この近辺、日本橋本町には江戸時代から薬種問屋が集まっており、今でも日本の大手製薬会社の多くがこの近辺に本社を持っています。碑の前の武田のほかにも、第一三共、アステラス、興和などの各製薬会

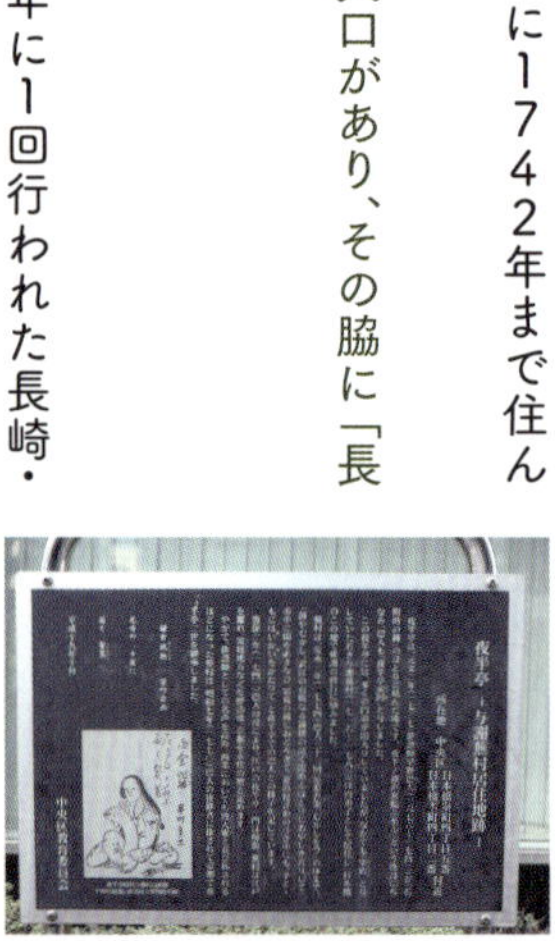

社のオフィスがあります。

案内 碑の場所から少し戻り、左の路地へ。最初の路地を過ぎた左角が森のようになっています。道路に面した江戸風の駐輪場の建物にエレベーターがあり、ほんの1ｍほどですが、これを上ると「福徳神社」の境内です。車いす以外の方はエレベーター手前左の数段の階段を上ってもいいでしょう。

見どころ 07 福徳神社

二代将軍秀忠ゆかりの神社

福徳神社は平安時代創建との伝説があります。江戸時代初期に二代将軍秀忠が通りかかった際、鳥居の木から芽が出ているのを見つけ、「目出度い」として「芽吹稲荷」との別名もできました。明治以降の都市化で場所を転々とし、一時はビルの中にありましたが、再開発で2014年に現在の立派な社殿となりました。社殿の場所は、江戸時代には伊勢町堀と呼ばれた掘割の上で、あたりは塩河岸と呼ばれた日本橋商業地区の核心地でした。神社地下には防災備蓄倉庫や駐輪場、店舗などがあり、災害時の拠点でもあります。

案内 車いすの方はエレベーターで路面に戻り、神社隣の広場「福徳の森」に入りましょう。ここは災害時の避難広場で、通常はベンチが置かれています。周囲にはテイクアウトできる店も多く、一服できます。広場の福徳神社反対側にも薬祖神社があります。正面には階段が2段ほどありますが、奥にスロープがあります。

足を延ばして　くすりミュージアム

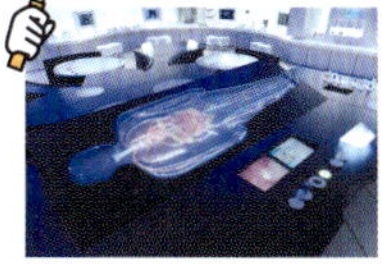

見学無料・予約制　営10時～17時30分　休月曜（月曜祝日の場合は火曜休）
車いすOK　https://kusuri-museum.com/
薬問屋発祥の地の前の通りをそのまま進むと、昭和通りとの左手前角に「くすりミュージアム」があります。医薬品の働きや仕組み、製造や歴史について学べる体験施設です。

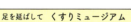

見どころ 08

薬祖神社

ビル屋上から降りてきた神社

薬祖神社は薬の神様で上野の五條天神社を移しており、近くの薬事協会事務所屋上にありましたが、2016年にここに降りてきました。五條天神は京都にもあり、「天神」とは言っても神様は菅原道真ではなく、オオクニヌシのパートナーとして知られるスクナビコナです。日本に薬をもたらした神です。

案内 薬祖神社正面は「コレド室町2」。敷地の左隅に「古河市兵衛像」があります。

見どころ 09

古河市兵衛像

足尾銅山発展の祖

古河市兵衛は富士通や古河電工など古河グループの創始者。ここは1877年に古河本店を設けたグループ発祥の地です。市兵衛は明治時代に足尾銅山を再開発し大鉱山に成長させますが、鉱毒問題も生みました。江戸の商業資本から明治の近代工業資本への展開が進んだ歴史的な地です。

案内 古河市兵衛像左の道を進みます。コレド室町2の壁にベンチが埋め込んであり休めます。三つ目の角で右に入ります。右手1階の大福の店のビル脇に芭蕉の句碑があります。

見どころ 10

発句也松尾桃青宿の春

日本橋に住んでいた芭蕉

碑の右に句の解説板があります。「松尾桃青」とは初期の芭蕉の俳名。芭蕉は1672年から1680年まで、この地にあった小沢太郎兵衛の借家に住んだ、と言われますが、やはり近辺の杉山杉風《さんぷう》の家に住んだとも言います。いずれにしろ「俳聖」と言われる江戸俳諧の巨頭二人、芭蕉と蕪村がともに日本橋に住んでいたというのは興味深いです。文化は財力のある地に育つということでしょうか。

案内

碑の向かいやや右の狭い路地を入ります。入口左には「福禄寿小路」との石標。やや段差がありますが、車いすでもなんとか乗り越えられます。路地途中には小さな神社。出口付近には、今度は「稲荷横丁」との石標があります。こんな路地がまだ残っているのですね。路地を出たら左、すぐに右、またすぐに右。入った通りは「按針通り」です。右側二軒目と三軒目のビルの隙間に、見落としてしまいそうな「史跡　三浦按針屋敷跡」の碑があります。

見どころ 11

三浦按針屋敷跡

旗本になった英国人の屋敷跡

三浦按針ことウィリアム・アダムスは1564年にイギリスで生まれ、航海士として活躍していました。1598年、アジアを目指すオランダの5隻の船団に加わり、うち1隻だけ残った

おすすめごはんスポット　レストラン桂

営 11時～14時LO、17時～20時30分LO（土11時～14時LO）　休 日曜・祝日　車いすOK

☎ 03-3241-4922

古河市兵衛像の左側の道を進んだ次の右角に「レストラン桂」があります。1963年創業の洋食の老舗。Aランチ1100円、巨大なエビフライ入りのCランチ2000円、目玉焼き付きのハンバーグステーキ1150円と、日本橋とは思えないリーズナブル価格。ホール係は年配のご婦人ばかりというのが貴重。

見どころ

12 日本橋魚市場発祥の地

リーフデ号で1600年、日本の大分に到着します。その後、同じ船に乗っていたヤン・ヨーステンとともに徳川家康に気に入られ、江戸に連行されて外交や交易の顧問となり、この地に屋敷を与えられました。さらに三浦半島に領地をもらって旗本となり、日本で亡くなりました。ここ、江戸の屋敷跡は按針町と呼ばれます。彼はアメリカで「SHOGUN」という小説のモデルになり、最近もドラマ化されました。

案内　按針通りをそのまま西に、中央通り方面に進みます。中央通りに出てすぐ左に橋としての日本橋が日本橋川に架かります。橋の袂はすべて小公園になっていて、最寄りの袂には「日本橋魚市場発祥の地」の碑があります。

一帯の呼び名だった「日本橋魚河岸」

江戸時代から関東大震災まで続いた日本橋魚市場は、橋としての日本橋の北東側一帯にありました。当時の魚市場とは現在のような一つの施設ではなく、卸問屋が自然発生的に集まった一角のことです。その中心は、江戸近郊の海から船で運ばれた魚が陸揚げされる桟橋と河岸でした。碑の横には像があり、どう見てもその姿は乙姫様ですが、これはミズハノメノカミという女神で江戸時代から市場の守護神でした。今は神田明神に祀られています。女神の両側から魚が顔を出していてかわいらしいです。神様の背後には車いす用のトイレもあります。

案内　そのまま日本橋を渡ると、車道中央にペナントのようなものがあるのが見えます。これが日本国道路元標です。危ないので近づかないでください。

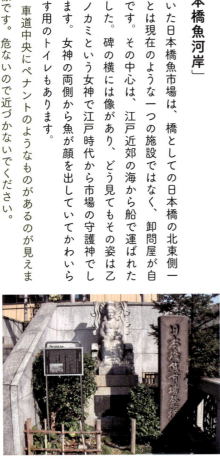

見どころ 13

日本国道路元標《げんぴょう》

日本の街道の起点とされた橋

日本橋は江戸時代、最重要街道である五街道の起点とされました。明治維新後の1919年、全国の市町村に道路の起点となる「道路元標」を置くことが道路法で定められ、当時の東京市元標は日本橋の真ん中に置かれました。日本橋は市電が走っていたため、その架線柱に「東京市道路元標」と刻まれます。戦後に法律が変わって「道路元標」が不要になり、さらに1971年に都電も廃止されたため架線柱は撤去されました。しかしその際、何の法的根拠もなく、「東京市道路元標」を「日本国道路元標」と改めて、元標跡にペナントを埋め込まれてしまいました。ちなみに文字は当時首相だった佐藤栄作です。見上げると首都高速の高架の間にも「道路元標地点」とのモニュメントがあります。ここには「日本」の文字はありません。

見どころ 14

日本橋

多くの歴史をくぐり抜けた名橋

1603年に江戸の町割りをした際に架橋され、現在の橋で20代目とされます（異説あり）。今の橋は1911年に作られた石造橋で、1999年に国の重要文化財となりました。首都高の高架などに掲げられている橋名は徳川慶喜の書です。橋の石には、戦時中の焼夷弾跡や関東大震災の火災跡が残り、周囲の街がくぐり抜けた歴史の「生き証人」でもあります。

案内

橋を渡りきると左側に日本橋川などの遊覧船乗り場があり、エレベーターで下りられます。日本橋川や神田川はじめ、様々な遊覧ルートがあります。最近は通勤船も運行されています。中央通りを反対側に渡った袂は、江戸時代には幕府の法令など

を掲げる高札場がありました。今は日本橋観光案内所と高札を模したモニュメントがあります。さらに北側に橋を渡り返すと、次の袂は「元標の広場」と名付けられています。

見どころ

15 元標の広場

保存されている旧道路元標

ここには都電廃止で撤去された「東京市道路元標」架線柱が保存されています。また現在の「元標」の複製や、全国主要都市への里程表もあります。

案内

元標の広場から左へほぼ180度回り込んで、日本橋川沿いに近い道を歩きます。最初の橋「西河岸橋」を渡り右に行きます。渡る手前にベンチ。渡った右にトイレがあります。突き当たり右は一石橋《いっこくばし》袂ですが、向こうには渡れないので左へ行き、呉服橋交差点を向こう側に渡り右へ。すると一石橋袂に「一石橋迷子しらせ石標」があります。

見どころ

16 一石橋迷子しらせ石標

迷子もしばしば　江戸の賑わい

あたりでは数少ない江戸時代から残る遺物です。橋の北に金座の後藤家、南に呉服商の後藤家、五斗（後藤）と五斗で合わせて一石、とのシャレで橋の名前がついたといいます。「石標」は迷子を探す人、預かった人が連絡を取るための掲示板で、浅草や湯島にもありました。子供の名や特徴を書いて貼り、受け渡しをしたといいます。それほど江戸の街は人でごった返していたわけです。

案内

石標左に遊歩道がありますので入ると、再開発地域「TOKYO TORCH」内の公園で、錦鯉の泳ぐ池があります。奥は高くなってベンチがあり、遠回りですがスロープで上ること

もできます。そのまま進んで奥の車道に出ると、1万円札の顔になった渋沢栄一の銅像が見えます。横断歩道を渡ってそちらに行きましょう。ご挨拶したら左に行くと、右側に石垣があり中が広場となった常盤橋門跡です。

験担ぎで改名された橋

常盤橋門は江戸城外堀、日本橋川の城門でした。今も堅固な石垣がかなり残っています。その前の橋が常磐橋です。日本橋ができるまでは「大橋」と呼ばれ、江戸城の正面口で、商業地区の一番のメインストリートに続いていました。橋の正面に金貨鋳造所の金座が置かれ、その敷地が今は日本銀行です。現在の橋は明治10年に架けられた東京に残る最も古い石橋で、関東大震災から復興する際に「皿」は割れるから割れない「石」に、という験担ぎで常「磐」橋と改名します。東日本大震災で損傷を受け、2021年に修復が終わったばかりです。

案内 渋沢栄一像まで戻り、その先の「常盤橋」を渡ります。こっちは震災後に架けられた橋です。橋を渡ったら左前の「江戸桜通り」に入ります。通り左側が日本銀行本館、右側が貨幣博物館です。

日本の金融政策の頭脳

江戸時代、この場所には金貨を鋳造する金座がありました。1595年、徳川家康が京都の後藤庄三郎に命じ、江戸で小判を鋳造させたのが始まりです。日本銀行は1882年開業で、当

見どころ 19

煕《き》代《だい》勝《しょう》覧《らん》

初は日本橋箱崎町にありましたが、１８９６年に、東京駅などを設計した辰野金吾設計による本館が完成し、移転します。本館は国の重要文化財です。建物は上から見ると「円」の字に見えます。ゴール地点に近い日本橋三井タワー38階ロビーからその様子を見ることができます。

案内 日銀と貨幣博物館の間の江戸桜通りを進みます。その名の通り春は桜が見事です。通り名の書は先代の十二代市川團十郎のものです。次の街区は左が「三井本館」、右が「三越本店」という重要文化財コンビ。まず三越本店の、中央通り近くのレトロな「地下鉄入口」から建物に入ります。目の前のエレベーターで「改札階」（三越地下１階ではなく）に下り、地下コンコースへ出て右へ行きます。すると右側壁面に長大な絵巻物「煕代勝覧」が展示してあります。

日本銀行本館

三越のレトロな地下鉄入口

左が三井本館、右が三越本店

幕末の日本橋を詳細に活写

１８０５年の日本橋の街を描いた長さ12ｍを超える絵巻物です。長く存在が知られておらず１９９９年にドイツで発見され、作者も不明です。２００９年に複製がここに展示されました。日本橋から今川橋までの街並みを東側から描いており、88軒の店、１６７１人の人間が描かれ、当時の風俗などを知る貴重な資料です。見入って飽きません。

案内 三越本店に戻り、エレベーターを乗り継いで屋上へ。近年改装さ

足を延ばして 貨幣博物館

営9時30分～16時30分（最終入館は16時） 休月曜（月曜祝日の場合は開館）、年末年始（12月29日～1月4日）、展示入替等のため臨時休館も 見学無料・予約不要 車いすOK 貸し出しも。事前連絡を。 https://www.imes.boj.or.jp/cm/info/

正式名称は「日本銀行金融研究所貨幣博物館」で、日銀100年を記念して1985年に開館しました。日本最初の貨幣や江戸時代の大判小判などの実物がそろいます。

GOAL!

見どころ 20 三囲稲荷《みめぐりいなり》

見どころ 21 三井本館

日本橋

れて、芝生や池・屋根付きの休憩スペースのある庭園に生まれ変わったので夏でも休憩にもってこいです。その屋上の一角にあるのが三井家の守護神である「三囲稲荷」です。

三越の屋上には必ず守護神が

三囲稲荷は伊勢出身の三井家の江戸での守護神で、もともとは向島の神社でした。「三囲」と「三井」が似ている、三井の「井」を□で囲んで守る、などの理由で、三井家が江戸に出てきてから崇敬されるようになり、過去・現在、三越の店舗の屋上には必ずその分社があります。「三越」は江戸時代の「三井越後屋」が省略された名称です。

案内 三越1階に戻り、吹き抜けの天女像や入口のライオン像を眺め、隣の三井本館正面へ。

壮麗な神殿のような戦前建築

関東大震災を教訓に1929年に完成した三井財閥の本拠ビルです。今も三井不動産の本社があります。壮麗なギリシア神殿のような建物は重要文化財で、地下には日銀を凌ぐ扉が50tある大金庫があります。また7階には三井記念美術館があります。

案内 三井本館と日本橋三井タワーの間にガラス張りの屋根と壁があり、エレベーターがあります。これが東京メトロのA7出口で、地下に降りて左に進むと、出発した三越前駅の改札があります。

おすすめお茶スポット　日本橋 千疋屋総本店フルーツパーラー

営11時～21時（20時30分LO）　休不定休　車いすOK　☎03-3241-1630

https://www.sembikiya.co.jp/shop-list/fruits-parlour

店内には江戸末期から現在に至る店舗の変遷などが飾られています。またカウンター内でフルーツを切る様も見事で見ものです。

江《え》戸《ど》城《じょう》コース

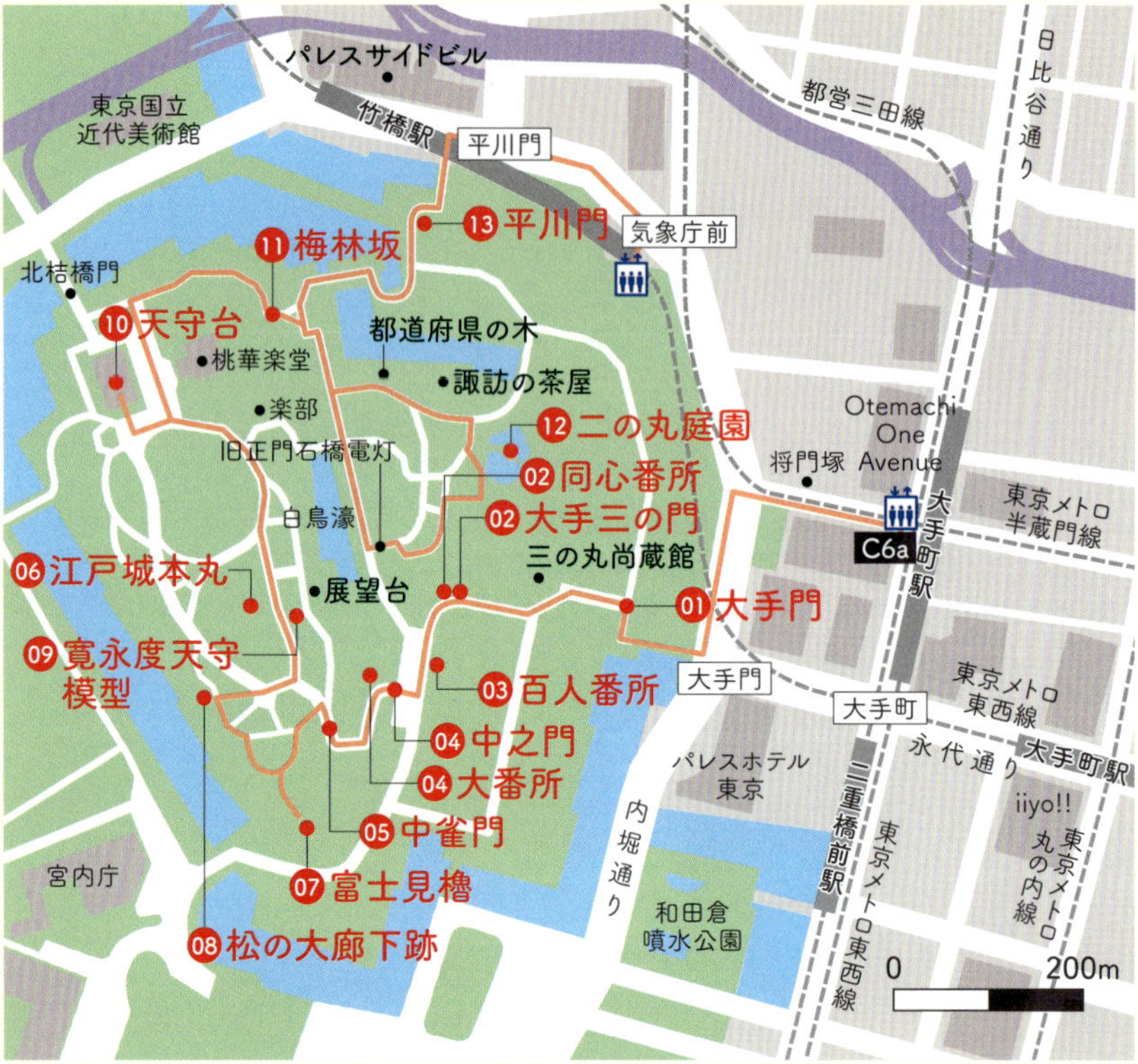

堀に映る大手門

旧江戸城本丸は都心のオアシス 完全バリアフリーの皇居東御苑

江戸城の旧本丸・二の丸と三の丸の一部は、現在皇居東御苑となっています。「皇居に入れるの？」と驚く方もいらっしゃいますが、月曜と金曜を除き、無料で入苑できます。中には皇室の財宝を公開する三の丸尚蔵館や江戸城天守台をはじめとした遺構が目白押し。しかも内部に階段は一切ありません。飲食施設がないのが物足りませんが、史跡と豊かな自然をゆったり楽しめる場所です。

江戸城の歴史

江戸城の場所には12世紀にすでに秩父地方から移った江戸氏が館を築いていたと言います。その後1457年に太田道灌が城を築きます。城は扇谷《おうぎがやつ》上杉氏から北条氏へと移り、1590年に北条氏が滅ぶと関東に移った徳川家康の居城となります。何もない寒村のボロ城だったというのは家康の功績を大きく見せるための作り話で、実は関東の重要拠点でした。家康は関ヶ原の合戦後に全国の大名を動員して本格的な改造に取り組み、完成にはおおよそ1640年ごろまでかかります。その規模は秀吉の大坂城などをはるかに凌ぐ日本最大の城で、外郭の外堀は全長16㎞にも及び、現在の千代田区・中央区はほぼ城内です。明治維新後は内郭部分が天皇の住まいとなり、西の丸に宮殿が作られます。戦後は北の丸は公園となり、1968年には皇居東御苑が整備・公開されました。

都心の巨大迷宮駅

東京メトロ大手町駅（千代田線・半蔵門線）

千代田線大手町駅ーホームドア…○ーエレベーター…1（5号車付近）ー多機能トイレ（改札内）…1ー

半蔵門線大手町駅ーホームドア…○ーエレベーター…2（10号車付近を利用）ー多機能トイレ（改札内）…1ー

案内

大手町駅には都営も含め様々な路線が乗り入れています。ホームの場所もまちまちですが、東御苑に行く場合は千代田線もしくは半蔵門線が最寄りです。千代田線ホームのエレベーターは1か所、5号車付近です。コンコースから改札に向かい、出ましたら右斜め前方向のC6a出口方面に進みます。

半蔵門線ホームにはエレベーターは2基ありますが、渋谷方面寄りに乗り、途中でエレベーターを乗り換えて改札に出ます。改札を出た方向をまっすぐに進んでいくと先ほどのC6a出口近くに出ます。

C6a出口はビルの地下を少しクネクネと進みますが、表示もあるので迷いません。奥まったエレベーターから地上に出ます。エレベーターのあるビルは大手町パークビルです。1階はビルの角ですので、左、左と回り込んでお堀端に向かいましょう。途中道路右側、反対の場所には平将門《たいらのまさかど》の首塚、将門塚があります。

突き当たり内堀通りの横断歩道を渡り堀際へ。左に行くとすぐに皇居東御苑の入口の一つ大手門です。入口でセキュリティチェックがありますので、カバンやリュックなどをお持ちの方は中を見せる準備をしましょう。終わりましたら大手門をくぐります。

道路ごしの将門塚

皇居東御苑

営9時～16時（11月～2月）、9時～16時30分（10月）、9時～17時（3月1日～4月14日・9月）、9時～18時（4月15日～8月）〈入園は終了30分前まで〉 休原則月・金曜（月曜休日の場合は火曜休）、12月28日～1月3日　車いすOK　料入苑無料

https://www.kunaicho.go.jp/event/higashigyoen/higashigyoen.html

見どころ 01
大手門

江戸城の正面玄関は一部復元

江戸城の正面玄関で、江戸にいた大名はだいたいここから登城しました。門は枡形《ますがた》門という2つの門から構成される形式で、まずくぐるのが小さめの高麗《こうらい》門。こちらは1657年の明暦の大火後に再建されたそのままです。入って右手の巨大な門は櫓《やぐら》門と言いますが、戦災で焼け1967年の復元です。2つの門の間は四角い枡のような形の広場です。攻めてくる敵が一気に城内に流れ込まない工夫であり、城兵が討って出る場合の集合場所です。その隅に、戦災で焼け残った櫓門の鯱《しゃちほこ》が置いてあり、おでこに作った時の年号が刻んであります。

案内
大手門を入った場所は旧江戸城三の丸で本丸東側を守るための場所です。右に行くと改築したばかりでまだ拡張工事中の三の丸尚蔵館、左側はプレハブ造りの仮の休憩所です。門を入った右にはトイレもあります。休憩所には飲料の販売機と若干のベンチがあり、中にはガイドブックや皇室グッズを販売する売店があります。以前は尚蔵館の拡張部分に休憩所がありました。いずれきちんとした休憩所を建てるものと期待しています。

案内
尚蔵館と休憩所の間を進むと両側に大きな石の壁があります。大手三の門跡です。石の壁の前には左右に堀が続いていましたが、明治・大正期に埋めてしまいました。

足を延ばして　三の丸尚蔵館

営9時30分～17時（入館16時30分まで）　休月曜（月曜休日の場合火曜休）、年末年始、天皇誕生日等　車いすOK　料1000円　050-5541-8600　https://shozokan.nich.go.jp/
皇室の所蔵する美術品・工芸品などを展示する美術館。建て替え工事中で、一部開館中。2026年に完成です。小規模ですが、伊藤若冲の「動植綵絵」や「蒙古襲来絵詞」など54点もの国宝がある特級の美術館です。事前に日時指定予約するのがスムーズです。

見どころ 02

大手三の門

同心番所

江戸城最堅固だった門

江戸城建設の初期にはこの門が大手門でした。その時代はまだ戦国の空気が残り、城内でも最も堅固な門として作られました。残った石垣だけ見ると、先の大手門より石が巨大で立派です。特に2番目の門、櫓門があった左右の石垣の石を見てください。はるばる瀬戸内海から運んだ美しい花崗岩の巨石です。どうやって運んだのでしょう。門内に、警護をした武士が詰める同心番所が残っています。

案内 大手三の門を入るとそこは二の丸。本丸と三の丸に挟まれた場所です。左を見ると異様に長い建物があります。江戸時代から残る百人番所です。

大手三の門の入口

大手三の門の二の丸側の巨石

大手三の門内に残る同心番所

見どころ 03

百人番所

100人が毎日詰めた警備詰所

大手三の門内の警護をした武士が詰めていた番所です。長さは50m以上あります。根来《ねごろ》組《ぐみ》、伊賀組、甲賀組、二十五騎組の4組の旗本グループが交代で警護にあたり、常時100人の武士が詰めていました。

案内 百人番所の向かいには大きな石が展示してあります。そちらへ向かいましょう。

見どころ 04

中之門 大番所

近年の修復で構造がわかった門

展示してある石は、左側の中之門の修復の際に、傷んでいるとして外された石です。石の脇に発掘で分かった内部の構造や工法、だれが工事をしたかなどが書かれています。

中之門は大手門から入ると3番目の門。かつては上部に巨大な櫓門がありました。門内の舗装が江戸時代の石畳のまま残っています。

中之門修復で取り出された石垣石

中之門に残る柱穴と石畳

中之門内に残る大番所

門の中には大番所という番所が残っています。

案内

中之門に入ると広い坂が左にカーブしていきます。今は舗装されて車いすでも進めますが、やや坂が急ですので、それぞれのペースで。昔はこの部分は雁木と称した、あえて蹴上げを高くした階段でした。敵が走って上れないようにするためです。また今は次の中雀《ちゅうじゃく》門まで何もありませんが、昔は途中にもう一つ仕切りの門がありました。坂が右にカーブする両側の石垣をよく見てください。手前上方に小さな穴が開いています。ここに木を差し込んで門につながる壁を作っていました。また坂の左上には、台のような石垣が手前と奥に2つありました。ここには往時は櫓が建っており、この道を登城する大名たちを威圧していました。

中之門の先で仕切門を作っていた柱穴

見どころ 05

中雀門

幕末の火事の痕跡を残す門

大手門から登城して本丸に入る際、最後にくぐる門です。幕末の火事で両側の石垣が焼けボロボロになっていますが、柱穴などが残ります。

案内 中雀門を出るとようやく江戸城本丸です。ここまで4つの枡形門を通り、7回曲がらないと本丸には辿り着けませんでした。

見どころ 06
江戸城本丸

広大な芝生が規模を物語る

江戸城本丸には将軍の住まいと政務の場を兼ねる本丸御殿がありました。面積は1万1373坪。政務の場が「表」。生活の場が「奥」。「表」は将軍が大名らとあいさつをする大広間がいちばんの中心です。さらに個別の対面をする黒書院、白書院があり、大名たちが控える部屋が多数ありました。江戸在府の大名は月に2、3回登城して拝謁しなければなりませんでした。ほかにも老中や奉行らの執務の間や台所など多数の部屋がありました。公園として整備後は芝生広場が中心となり、茶畑や竹林、柿やミカン畑などが周囲を囲むさながら植物園状態です。1990年と2019年の2回、大嘗祭《だいじょうさい》の会場ともなりました。

案内 なるべく左へと進んでいくと、奥に大きな櫓が見えます。江戸城で唯一残った三重櫓、富士見櫓です。

見どころ 07
富士見櫓

地方の天守をしのぐ規模

楔形をした江戸城本丸敷地の南の頂点にある、1659年再建の三階櫓です。高さ15・5mは彦根城天守とほぼ同じで、弘前城、丸亀城天守より高くなっています。江戸城天守が焼けて以降は、この櫓が天守の代用とされました。「八方正面」の櫓と言われ、どこから見ても美しいですが、宮殿の見学や参賀の際に下から眺めると特に見栄えがします。かつてははるか手前か

江戸時代は御殿で埋め尽くされていた

ら眺めるだけでしたが、2016年から櫓近くに休憩広場が整備され、間近で見られるようになりました。林間のベンチは爽やかです。ここまで座る場所はなかったので休憩しましょうか。

案内 富士見櫓から出たら左側に進みます。鬱蒼とした林の中、左側に「松の大廊下跡」との解説板と石標があります。

見どころ 08 松の大廊下跡

江戸時代最大級の事件現場

松の廊下とは、本丸御殿大広間と白書院を結ぶ江戸城最大のL字形の廊下で、長さ約50mありました。松のふすま絵が並んでいたのでこの名で呼ばれていました。1701年、赤穂藩主浅野内匠頭が高家《こうけ》の吉良上野介に斬りつけた場所として知られます。

案内 松の廊下のある遊歩道を進んで、右手に芝地が見えたらそこを突っ切って向こうの建物に向かいましょう。車いすだと芝は通りにくいので、やや遠回りですが、芝地右側の遊歩道を回り込んで行ってもいいです。芝地を抜けた右側の建物内に江戸城天守の模型があります。

見どころ 09 寛永度天守模型

ぜひ再建したい最大最高の天守

現在、江戸城に天守はありません（江戸時代に「天守閣」という言葉はありません。本来の呼び方ということで、私は常に「天守」と書きます）。1657年の明暦の大火で焼失して以降再建されていないからです。実は私は「江戸城天守を再建する会」の特別顧問を務めております。全国各地に天守が残り、あるいは続々と再建される中、日本の総城下町である江戸東京に天守がないのはなんとも残念です。ぜひとも再建したいのですが、再建したらどんな姿なのかがこちらでわかります。

2020年にできたばかりの模型は30分の1で、三代将軍家光が建てた寛永度天守が正確に再現されています。また詳しい情報や歴史なども展示されています。実は江戸城の天守は3回作られました。家康の天守、二代秀忠の天守と家光の天守です。再建を目指しているのは家光の天守で、現在残る天守台上に建てられます。ぜひご協力ください。

案内

模型展示室の隣が本丸休憩所です。アイスや飲料、皇室グッズなどが売られており、こちらは室外も含め多くのベンチがあります。

案内

休憩所前、芝生側の遊歩道を右へ行きます。歩いた先の左側の芝生部分はかつての大奥があったあたりです。遺構はほとんどありませんが、上に竹の蓋がかけられた古井戸があり、これは江戸時代からのものと思われます。また大嘗殿はこのあたりに建てられました。

右側の建物は雅楽を司る部署「楽部」で、その左側の派手な建物は西洋音楽のホール「桃華楽堂」です。それらと相対するのが、巨大な江戸城の旧天守台です。

足を延ばして　展望台

休憩所裏に展望台があります。裏の道を少し右に行くと左に入口があります。スロープですが急ですのでお気をつけください。上に四角い広場があり、下は堀でなかなかの展望です。大手町や丸の内がよく見え、ビルの隙間から東京駅丸の内駅舎も見えます。この場所には台所前三重櫓という櫓がありました。高さは17mで、富士見櫓より高いものでした。3階建て櫓は江戸城周囲には6、7基もありました。

見どころ 10
天守台

小山のような巨大石造物

江戸城の天守は再建されませんでしたが、天守台は再建を前提に加賀の前田家が建てました。石は巨大で美しい瀬戸内海の花崗岩です。天守台の上には登ることができます。上部のスペースは東西41m、南北45mと天守の巨大さがわかります。天守は5階建てで高さは45m。15から20階建てのビルぐらいの高さで、姫路城で31m、秀吉の大坂城も30mしかなく比べ物になりません。

案内

天守台の裏に回ります。こちらは北側で日陰のことが多いので苔むしています。その向かいにある門は北桔橋《きたはねばし》門で東御苑の入口の一つです。かつては本丸北側の門で、文字通り跳ね橋でした。今は櫓門が失われています。

天守台の裏を右に進みます。大きな建物は古墳や皇室の財宝を管理する宮内庁書陵部です。その脇を通り、坂を下っていきます。

見どころ 11
梅林坂《ばいりんざか》

太田道灌ゆかりの坂

坂名は梅林坂で上から下にかけて梅が植えられています。この坂の場所には、最初に江戸城を構築した太田道灌が天神社を置いたと言われ、梅もあったそうです。坂名は江戸時代からですが、梅は戦後の整備の際に植えられました。ここにあった天神社は徳川氏の江戸城構築で移転させられ、今は千代田区平河町にある平河天神がそれです。

案内

梅林坂下を右に行きます。ここも二の丸です。まっすぐな道を進むと右側に白鳥濠があり反対の左角にレトロな街灯があります。かつて皇居正門石橋を照らしていた明治の電灯です。

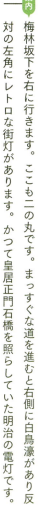

見どころ 12

二の丸庭園

この手前の道を入りましょう。ここからは二の丸庭園となります。

戦後に復元された名園

二の丸は本丸東側にあり、時代によって使い方が変わりました。基本的に将軍世嗣《せいし》、お世継ぎが住んだ場所です。本丸御殿の予備的役割もありました。東御苑になる前は馬場でしたが、江戸時代初期にあったと言われる小堀遠州作の庭を再現しました。

案内

入るとすぐ右に休憩所がありますが、ベンチが少しあるだけです。近くにトイレがあります。そこから雑木林の中を進むと菖蒲田があり、向こうは池です。この菖蒲田の規模は小さいですが品種が多く、皇室のお庭だけあって見事です。菖蒲田の中の道に段差はありませんが、狭いのでご注意を。また池の向こう側への遊歩道も段差はありませんが、池の中の島へ渡る橋がやや狭いのでここも注意が必要です。

菖蒲田を抜けたところで池からの道と合流します。この辺りは初夏にツツジが見事です。正面には大きな茶屋。かつて吹上（御所のある場所）にあった諏訪の茶屋です。

これを見て左に行くと「都道府県の木」の一角に出ます。東京は北海道から沖縄まで、全国の木々が生育できる環境なのです。47都道府県の木がすくすくと育っています。進むと梅林坂から下りた場所に戻ります。そのまま行くと下梅林門跡です。細長い枡形門でした。今は石垣しか残りませんが、柱の穴跡があります。さらに右左と曲がるとやはり皇居東御苑の出入り口である平川門です。

GOAL!

見どころ 13 平川門

大奥の通用門だった門

主に大奥の人間や御用の人間が通った門です。現在は皇居東御苑の入口の一つで、桜田門、大手門と並ぶ江戸城三大門です。また3つの門がある珍しい門でもあります。高麗門が2つあり、櫓門左手の門はふだんは使われず不浄門と呼ばれ、罪人や死体が通りました。江戸時代から残る門ですが、文化財指定はされていません。先の富士見櫓もそうですが、宮内庁管轄の建物などは慣例的に文化財指定されてきませんでした。最近はやや変わりつつあるようです。

案内

平川門から外に渡る橋は江戸風の木橋に見えますが、新しく作られた現代のものです。しかし橋の擬宝《ぎぼ》珠《し》は、東御苑でも最古級の江戸時代のものです。これはかつて皇居正門（江戸城西の丸大手門）の木橋を飾っていたもので、「慶長」や「寛永」という約４００年前の年号が刻まれています。この橋を作る際に移設されました。

橋を渡ったら右へ行きます。右側のお堀端は大手濠緑地という小公園になっています。和気清麻呂像などがあります。ここに東京メトロ竹橋駅へのエレベーターがあります。目の前の改札に入ると、西船橋方面、中野方面それぞれのホーム行きのエレベーターがあります。エレベーターを降りて長いスロープを行くとホームです。

寛永の年号が残る平川門の擬宝珠

上から見た平川門

おすすめごはんスポット　パレスサイドビル

営7時～23時　休日曜・祝日（時間・休いずれも店による）　車いすOK（車いすは正面階段左のリフトを利用して入館）　https://www.mai-b.co.jp/restrant/

竹橋駅向かいの２本の巨大な筒を従えたユニークなデザインの名建築です。毎日新聞社などが入居していますが、1階と地下1階に多数の飲食店があり、いろいろと選択肢があります。カフェなど早い店は7時から営業し、23時まで営業の居酒屋系の店も。

築《つき》地《じ》 コース

歌川国芳「築地御門跡之図」

魚だけじゃない歴史の街
海軍・文明開化・大学発祥

最近まで東京都の卸売市場があった築地は、長年魚市場の街として人気です。近年は外国人観光客にも大人気ですが、実は魚の街になったのは昭和になってから。江戸時代は大名屋敷が並び、明治になると外国人居留地ができて文明開化の窓口となります。さらに旧市場あたりは明治海軍の根拠地で、居留地跡からは多くのキリスト教系大学が生まれました。そんな「魚」以外の顔も知ってください。

築地の歴史

築地は文字通り海を埋め立てて「地」を「築」いた、が地名の起こりで、特に1657年の明暦の大火ののち、西本願寺が浅草から移転して大規模に埋め立てられました。また海辺のため大名の蔵屋敷なども多くあり、幕末には軍艦操練所など海軍施設も作られます。さらに開港地に指定され、横浜と共に外国人居留地が設定されます。明治に入ると居留地は商売よりもキリスト教伝道士の拠点となり、多くの学校ができました。大名屋敷には海軍が多数の施設を作ります。関東大震災で築地は大被害を受け、本願寺は墓地や子院のほとんどが郊外に移転します。海軍施設も大部分は移転し、跡地に市場ができます。その後本願寺子院の跡地はいわゆる築地場外となります。2018年に市場は豊洲に移転し、跡地は大規模な再開発が計画されています。

マイナーながら区役所最寄駅

東京メトロ新富町駅

ホームドア…○ | エレベーター…2 | 多機能トイレ（改札外）…1

案内

新富町駅には各ホームにエレベーターがあります。改札は2方向あり、区役所側に向かい、1番出口へ行きます。階段出口の手前に地上行きエレベーターがあります。地上に出たら目の前の道を右へ、突き当たりは新大橋通りでここを左。その先で首都高出口の横断歩道を渡ると交番があります。入舟橋交差点で新大橋通りの向かい側に渡ります。角のビルの茂みの中に「靴業発祥の地」の碑があります。

見どころ 01 靴業発祥の地

軍靴から始まった日本の靴製造

1870年、この地で千葉の佐倉藩出身の西村勝三が日本初の洋靴製造を始めました。軍靴が最初の商品です。その後身が現在のリーガルです。西村は渋沢栄一などの協力も得て、耐火レンガ、ガラス工業など様々な産業開拓に取り組んだ人物です。

案内

碑を見て背中側に横断歩道を渡りましょう。渡ったら左へ。右側は築地川跡の深い穴底のような場所です。歩道橋が架かる場所で右へ入ります。入った通りを居留地中央通りと言います。大きなマンション前の歩道に「雙葉学園発祥の地」の可愛らしい碑があります。

見どころ 02 雙葉学園発祥の地

御三家女子校、雙葉はここから

雙葉学園は、1875年にフランスの女子修道会が作った築地語学校が始まりです。雙葉高等女学校となり1910年、現在地の四谷に移ります。東京の女子校御三家と言われますが、今もフランスとのつながりが深いです。

そのまま進むとすぐ、隣の学校との敷地先あたりに「関東学院の源流　東京中学院発祥の地」の碑があります。

見どころ 03
関東学院の源流 東京中学院発祥の地

横浜に移った関東学院の源流の一つ

東京中学院は1895年、アメリカのプロテスタント教会の一派が開校した男子校で、1899年に市ヶ谷に移転、さらに1919年に現在地の横浜に移転し関東学院となります。

案内 またまた進んで学校の敷地角には「築地外国人居留地跡」の解説板、レンガ塀遺構、ガス灯の柱があります。前のベンチは、背後の明石小学校で使われていた石の階段を再利用したものです。

見どころ 04
築地外国人居留地跡

日本の中の異国だった築地

1858年の条約で江戸は開市場に指定され、明治政府は1869年、明石町一帯を外国人居留地に指定しました。欧米からの再三の圧力で1873年にキリスト教が解禁されると、欧米の各宗派は競って伝道師を派遣し、布教の手段として次々と学校を建てます。当時、商人たちは船が入る横浜に多く、築地は外交官や伝道師が中心でした。不平等条約の改正とともに、1899年に居留地は廃止され、外国人の国内居住は自由となります。

案内 歩いてきた道の左手、反対側に交差点横断歩道を渡って、左へ行きます。すぐ右に神殿のような築地教会があり、左手歩道上には「暁星学園発祥の地」の碑があります。

見どころ 05 築地教会

暁星学園発祥の地

見どころ 06 芥川龍之介生誕の地

東京最古の教会前に暁星学園発祥の地の碑

築地教会は1874年に建てられた東京で最初のカトリック教会です。現在の聖堂は関東大震災後の1927年に再建された木造モルタルという珍しい建物です。残念ながら教会内へは階段を上らないと入れません。

暁星学園は1888年に、フランスの教育修道会が築地教会の一角に設けた塾が起源です。最初の生徒はフランス人1名、ポルトガル人2名、日本人3名でした。塾はすぐに麹町に移転し、1890年に現在の校地に移ります。

案内 先ほどの交差点に戻り、横断歩道を2回渡って斜向かいの聖路加国際大学側に渡ります。右方向、大学の建物裏を進むと、車道側に「芥川龍之介生誕の地」の解説板があります。少し前に設置場所が変わりました。

築地の牧場で生まれた芥川龍之介

芥川龍之介は1892年、牛乳販売会社「耕牧舎」を経営していた新原敏三とふくの長男として生まれます。生後まもなく、両国の母の実家である芥川家に引き取られ、のちに養子となりました。

案内 来た道を戻ります。この道は「居留地通り」と言います。先ほどの交差点を過ぎ、次の信号を渡ったら左です。入った通りは、昭和の初め頃まで水路だったところを埋め立てているためとても広く、ところどころベンチもあります。角の駐車場の隅に「明治学院発祥の地」の

碑があります。

見どころ 07
明治学院発祥の地

ローマ字考案、ヘボンさんが祖

1877年、アメリカ、オランダ、スコットランドの長老派系教会が共同してここに東京一致神学校を作りました。1863年にヘボンが横浜に作ったヘボン塾が発展した一致英和学校、英和予備校とその後合併して1887年に明治学院ができます。

案内 そのまま進んで路地を渡り、3つ目の建物の手前右角に「女子聖学院発祥の地」の碑があります。

見どころ 08
女子聖学院発祥の地

クリスマスに飾られる記念碑

アメリカのプロテスタント系教会が1905年に開校します。1907年に現在地の北区に移ります。碑の背後の生垣はハート形にくり抜かれ、クリスマス期間は飾り付けがされるそうです。

案内 その先、今度は左側の歩道植え込み内に「青山学院記念の地」の碑があります。

見どころ 09
青山学院記念の地

青学の多数の源流の一つ

青山学院大学はアメリカのプロテスタント系の3つの学校をその源流としており、その一つの海岸女学校は1877年にここに移転してきました。これらの学校の創立には、新5千円札の顔、津田梅子の父・仙が大きく関

わっています。

案内　来た道を戻って居留地通りを渡りましょう。目の前の植え込み内に「ヘンリー・フォールズ住居の跡」と書かれた碑があります。

見どころ 10

ヘンリー・フォールズ住居の跡　指紋研究発祥の地

指紋識別は日本で始まった

この碑はユニークで、正面の題字の上側に「指紋研究発祥の地」ともう一つの題が刻まれています。フォールズは1874年に布教のため来日したイギリス人で、無料で診療する病院の医師でした。大森貝塚を発掘した米国人のモースと知り合い、土器に残った指紋や日本人が拇印を押す習慣に興味を惹かれます。

研究を重ねた結果、指紋が一人一人違うこと、生涯変わらないことなどを発見し、1880年にイギリスの科学雑誌ネイチャーに論文を投稿しました。これが近代的指紋研究の最初です。

案内　すぐ左手の高層ビル、聖路加タワーに入ります。中を抜けたら専用エレベーターで2階の大屋根広場へ上ります。向かい側の外への出口を出ると、そこは隅田川のスーパー堤防の上、遠くに水面が見えます。右手へ向かうと、植え込み内に星の意匠のオブジェなどがあります。これはアメリカ公使館跡の

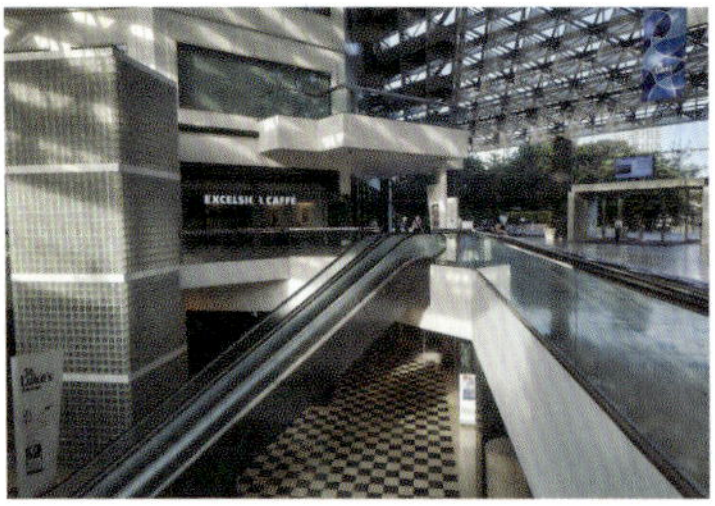

左端のエレベーターで２階に上る

右奥にオブジェ、
左奥は隅田川

記念物です。その前には多くのベンチがあります。

見どころ 11

アメリカ公使館跡

アメリカの2番目の外交公館は築地に

1874年から1890年までアメリカ公使館がここにありました。石像物は建物に使われていたレリーフの一部です。ここのほか、このあと通る聖路加国際大学敷地内にもあります。その後現在の虎ノ門に移転します。当時この築地居留地には、アメリカのほか、オランダ、ポルトガル、ドイツ、スペイン、ペルー、スイス、チリなどの大使館（公使館、領事館）がありました。

案内

大屋根に戻り、1階に下りないで聖路加国際病院との連絡橋を渡ります。橋には名があり「平和の橋」と言います。このルートは日曜には通れません。その場合は地上に下りて迂回してください。病院内に入ったら待合室ですがそのまま進み、今度は旧館に渡る橋を進みます。途中の廊下はなんと画廊になっています。その先右側にエレベーターがあり1階に下りて外に出ますが、まずは下りないですぐ先の聖ルカ礼拝堂に行きましょう。

おすすめおみやげスポット　塩瀬総本家

営9時～18時30分（日曜・祝日は10時～18時）　休無休　車いすOK　03-6264-2550
https://www.shiose.co.jp/
聖路加タワー左向かいに塩瀬総本家本店があります。宋（中国）人・林浄因を祖とする、甘い餡の饅頭を日本で作った最古級の店です。浄因は1349年、日本人僧の帰国に伴って来日し、肉食できない僧のために小豆などを使った饅頭を考案、大変な評判となりました。私のおすすめは「本饅頭」です。

皇室・渋沢ともゆかりの日米友好の病院

進んだ先の右側が礼拝堂で、反対側は休憩室で誰でも休めます。礼拝堂のステンドグラスは美しく、時折パイプオルガンの演奏会もあります。入るのは自由ですが信仰の場であることは忘れずに。

この部分は1933年再建の建物で、現在の新病院建設時に取り壊す予定でしたが、名建築家アントニン・レーモンド設計の築地のシンボル建築として反対の声が起き、病院は設計を変更して、この中核部分は残し、新築の両翼も以前のイメージを残しました。

聖路加病院は「せいるか」と読みます。「聖ルカ」は福音書筆者の一人の聖人で医師です。医師の守護聖人とされ、アメリカなどには「St. Luke's Hospital」がたくさんあります。その像は病院本館1階裏口にあります。

病院は1901年、米国聖公会の宣教医師である米国人ルドルフ・トイスラーが開設しました。その後の拡充に際し、大隈重信・渋沢栄一ら日本の政財界の大物の協力を得て発展し、関東大震災で壊滅しますが、その後皇室やアメリカの莫大な支援で再建されました。

病院1階裏口にある
聖ルカの像

旧館前には「神の栄光と人類奉仕のため」と書かれた徳川家達貴族院議長書の碑がありますが、日米が開戦すると憲兵隊が「消せ」と迫ります。仕方なく当時は鉄板で隠し、尖塔上の十字架は切られ、1943年には病院名も「大東亜中央病院」と改称させられます。

案内

1階に下りて礼拝堂下あたりの中央出口から出ます。左側の山小屋のような建物は、トイスラー医師の記念館です。トイスラーは1934年に日本で死去しました。月曜と水曜の午前と午後2時間だけ開いていますが、残念ながら入口に2段ほどの階段があります。

また建物前の中庭にもアメリカ公使館のオブジェがあります。記念館の左側を抜けて歩道に出て、右に進むと、右側に「立教女学院 築地居留地 校舎跡記念碑」があります。先に進んでまた中庭に戻る遊歩道に入ると、今度は「立教学院発祥の地」の碑があります。

見どころ 13

立教女学院築地居留地校舎跡記念碑 / 立教学院発祥の地

立教大学も築地の発祥

立教女学院は1877年に湯島で開校し、1882年にここに移りました。立教学院とは別法人ですが、創立者は同じチャニング・ムーア・ウィリアムズ主教で、姉妹校の関係です。

立教大学などを運営する立教学院は、1874年に築地で創立しました。聖路加国際病院と同じ聖公会所属です。1918

おすすめごはんスポット　エスペランス

営9時～17時（LO～16時30分）平日のみ営業　車いすOK　☎03-3547-6201

聖路加国際病院1階にあるレストランです。病院とは思えない落ち着いた雰囲気で窓の外には緑の空間も。

年に池袋校地を設け、関東大震災後は池袋1本になりました。

案内

そのまま中庭を抜けていきます。敷地を出て右に曲がると「浅野内匠頭邸跡」の大きな石柱があります。

見どころ 14

浅野内匠頭邸跡

聖路加旧館には内匠頭の邸宅があった

赤穂事件の際の赤穂藩浅野家上屋敷はここにありました。浅野内匠頭が生まれたのもここです。赤穂浪士が吉良上野介を討ち取ったあと、泉岳寺の墓前に吉良の首を供える際、四十七士の一行はこの前を通ったといいます。

案内

内匠頭邸跡から病院側に戻って脇の車道は聖ルカ通りです。通りを聖路加病院の方に進みますがすぐ左、聖路加国際大学敷地に「女子学院発祥の地」の碑があります。

見どころ 15

女子学院発祥の地

御三家女子校のうち2つは築地創立

雙葉と並ぶ東京の女子校御三家の一つ、女子学院は、1870年にアメリカの長老派教会がこの近くで設立しました。

案内

最初の信号の右手道路中に三角形の小島があり、そこに「慶應義塾発祥の地」「日本近代文化発祥の地」の碑があります。

「立教学院発祥の地」の碑

慶應大学の発祥も築地

慶應義塾は1858年、この地に近い中津藩奥平家中屋敷内に開かれた、福澤諭吉の蘭学塾に由来します。1868年に芝に移転し、この時に「慶應義塾」を名乗ります。さらに1871年に三田キャンパスを手に入れ移転しました。

「日本近代文化発祥の地」と書かれているのは、「蘭学の泉はここに」という碑のことで、これはやはり奥平家の屋敷内で、藩医だった前野良沢が杉田玄白・中川淳庵らと行っていた「解体新書」の出版作業のことを指します。実は有名な「ターヘル・アナトミア」という解剖学書はなく、解体新書も1冊の本を翻訳した、というわけではありませんが、明治になって有名になった杉田の「蘭学事始」でそうなっていたので広まってしまいました。

案内 再び聖ルカ通りを進みます。突き当たりの変則交差点を右奥の明石町区民館方向に入ります。右にカーブした左側、料亭の手前に「運上所跡」の碑があります。これは東京税関発祥の地です。

貿易は低調だった明治の東京

幕府は江戸の開港に備え、ここに1867年に貿易のための運上所を置きます。これが東京税関の始まりです。運上所はすでに1859年に長崎・横浜・函館にできていました。また明治政府は外国人が東京に多く住むことの忌避や国防上の理由から東京港を整備せず、このため貿易の大部分は横浜で行われていました。

案内 そのまま進んで右へ曲がっていくと、右手の公営住宅敷地内に「電信創業之地」の碑があり

ーます。

見どころ 18

電信創業之地

電信も東京―横浜間から

1870年、横浜と築地の東京運上所（税関）との間32kmに電信線が架設され、電信業務が始められます。

案内 やや広い車道を横切って前の路地へ入っていきます。しばらく進んで十字路を渡り、左斜めに進むと公園に突き当たります。その手前右側も別の公園の入口ですが、その左側に「工学院大学学園発祥之地」の碑があります。公園は夕方には閉まるのでご注意を。

見どころ 19

工学院大学学園発祥之地

フォールズの病院跡にできた工学院

工学院大学は、1888年にこの地に創立した工手学校が起源です。関東大震災後に現在地の西新宿に移転します。当初の校舎は、指紋研究のフォールズの病院が閉院になった建物を使いました。

案内 突き当たったT字路を左に行きます。最初の十字路を右です。角にトイレがあります。まもなく左側に築地本願寺の北門があります。ここから境内に入ります。ちょっとガタガタしていますが段

おすすめごはんスポット 築地本願寺カフェ Tsumugi（築地本願寺インフォメーションセンター棟内）

営8時～18時（朝食は8時～10時30分） 休無休（施設に準ずる） https://tsukijihongwanji.jp/etc/about_18hin/（18品の朝ごはんについて）

「18品の朝ごはん」が開店以来大人気で予約必須です。ランチやカフェメニューも豊富ですが、混雑することが多いです。

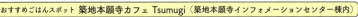

差はありません。左手の本堂に向かいましょう。本堂正面と手前の「聞法ホール」の間に仮設スロープがあり、そこからホール建物に入って中のエレベーターで2階に上がります。出た廊下を進むと本堂に着きます。

GOAL!

見どころ 20

築地本願寺

震災を教訓にしたインド風本堂

京都の西本願寺の別院として1617年に江戸浅草御堂が完成。明暦の大火で焼失してから同じ場所での再建が許されず、八丁堀沖の海上が与えられて、そこに再建するよう幕府から寄進されます。このため佃島の漁民ら門徒が埋め立て工事をし、1679年に再建しました。震災で焼失後は、火事に強い寺院をということで、当時の寺院としては珍しい鉄筋コンクリート、しかも外観はインドのアジア・仏教様式で再建されます。一年を通して様々なイベントが開かれています。

案内 本堂正面から正門を出て歩道を右に行きます。東京メトロ築地駅の入口がありますが、その裏側にエレベーターがあります。この下は中目黒方面ホームに直結です。車いす対応トイレが改札外にあります。北千住方面へは、交差点を渡り、向かい側2番出入口脇にエレベーターがあります。こちらは地上にバリアフリートイレがあります。中目黒方面は列車先頭、北千住方面は最後尾に出ます。

足を延ばして　築地場外

築地場外は関東大震災以前には本願寺の境内で、58か寺と言われた末寺がひしめいていました。現在も3つあります。その後魚市場関連の店が自然と集まり、現在のような街となります。近年は外国人観光客が殺到し買い食いの街と化しています。もちろん古くからの老舗も多いのですが、決して「安い」わけではありません。「モノがいい」というつもりでお出かけください。 平日でも人出はとにかく多いのでご注意を。最近整備された「築地魚河岸」などの施設はバリアフリーで、多機能トイレなどもあります。

東京駅《とうきょうえき》 コース

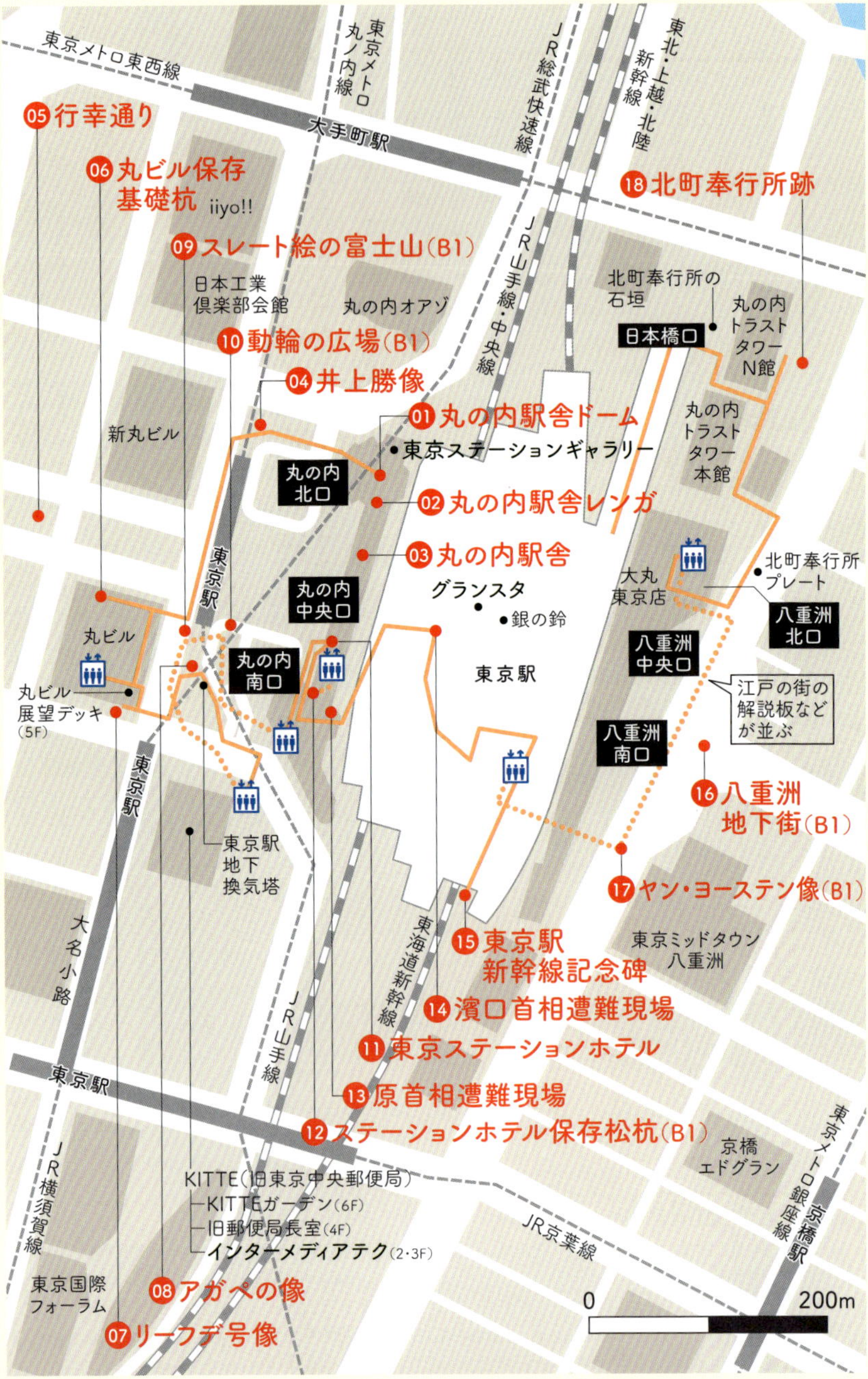

駅の周囲・構内に歴史満載　複雑で混雑、移動は慎重に

丸の内駅舎復元以来、東京駅の人気はうなぎのぼりです。新たな商業施設などが続々できて多くの人が訪れています。外国人客も増えて、駅はいつも大混雑です。バリアフリー整備は進んでおり、地下など屋内移動が多いので雨天などは楽です。東京の中心である東京駅周辺には、実は江戸時代以来の歴史ポイントもてんこ盛り。駅が複雑で人が多いことに注意すれば、交通至便ですからお手軽歴史散策コースです。

東京駅の歴史　1872年に新橋―横浜間が開業したものの、東京都心部の敷設は遅れました。その工事は1908年からようやく本格化し、皇居正面に中央停車場（東京駅）建設が決まります。1914年に開業した駅舎は辰野金吾博士設計で、総3階建て、長さ335mという壮大なものでした。当時すでに鉄筋コンクリート技術はありましたが、辰野博士はあえて歴史があり信頼性の高い鉄骨レンガ造りの建物とします。しかし中央線ができて新宿方面とつながるのが1919年、東北線が乗り入れて上野方面とつながるのは1925年でした。米軍の爆撃を受けた屋根は1947年に応急復旧工事が行われましたが、60年以上そのまま使用されます。一時は解体も検討されましたが、重要文化財指定を経て2012年に復元しました。

JR東京駅丸の内北口

ホームドア…○（一部）　エレベーター…多数　多機能トイレ（改札内外）…多数

壮大なドームを見上げてみよう

案内　東京駅は巨大な駅だけに、中央線以外はほぼホームに2基以上のエレベーターがあり改札階に移動できます。離れている京葉線、総武快速線ホームからもいくつかのエレベーターを経由して、バリアフリーで丸の内駅舎に来られます。まずは丸の内北口改札を目指し、改札を出てください。

見どころ 01 **丸の内駅舎ドーム**

復元された建設時のドーム

丸の内駅舎は第二次大戦時の爆撃で3階部分が破壊され、南北のドーム屋根もなくなっていました。この部分を2012年に復元しました。大正の開業時には丸の内北口は降車専用口で乗車口は南口、また八重洲口もない大変不便な駅でした。皇族らは中央口から出入りしました。現在北口には「東京ステーションギャラリー」のエントランスがあります。エントランス脇に駅を支える構造レンガが露出しています。

案内　ドーム下からは3方向に出口がありますが、スロープがあるのは左の1か所だけです。下りたらまず駅舎の壁を見てください。

見どころ 02 **丸の内駅舎レンガ**

900万個以上のレンガで構成

鉄骨レンガ造りの丸の内駅舎ですが、そのレンガは大きく分けて建物を支える構造レンガと、外側を飾る化粧レンガがあります。外から見えるのは

足を延ばして　東京ステーションギャラリー

営10時～18時（金曜～20時）　休月曜、年末年始、展示替期間　車いすOK
料入館料は展覧会ごとに異なる　https://www.ejrcf.or.jp/gallery/index.html
丸の内駅舎内には東京ステーションホテルと、美術館である東京ステーションギャラリーがあります。ギャラリーは展示だけでなく、駅舎遺構も公開されています。写真は東京ステーションギャラリーに残るレンガ壁です。

タイルのような化粧レンガで93万枚あります。特にきれいなものは復元時に修復交換したものです。目地は「覆輪目地」という特殊な工法で、漆喰が蒲鉾のように盛り上がるよう手作業で仕上げています。こうすることで目地に光が当たり、美しく見えますが、気の遠くなるような作業です。構造レンガは833万個も積まれています。

案内 次に少し駅舎から離れて全体を眺めてみましょう。とはいっても全体を見渡すのは駅前では困難です。後ほど展望ポイントに行きます。

見どころ 03 丸の内駅舎

1万本以上の松杭で支える

駅舎はドーム部分の高さが35m。中央部は高さ28m。基礎は地表から3・6mまで掘ってから長さ3・6～7・2mの松杭を60cm間隔で合計11050本打ち込み、その上に厚さ1・2mの基礎コンクリートを打ち、さらに鋼材を格子状に並べたうえで再びコンクリートを打っています。設計した辰野金吾博士は、名前をもじって辰野「堅固」だ、といわれたように、徹底的に建物の丈夫さにこだわりました。このため完成直前の関東大震災にもびくともしませんでした。

黒い屋根は、建設時は宮城県石巻市のスレートで、硯などに使われる石です。赤い部分は銅板で、柱などは天然の花崗岩と擬石と呼ばれる人造石を使い分けています。現在の復元駅舎は、全体を積層ゴムの上に載せた免震構造です。復元にあたっては、重要文化財のため、生かせる部分は極力生かし、材料の交換は最低限に留めています。

見どころ 04 井上勝像
見どころ 05 行幸通り
建築観察ポイント

案内
駅舎を眺めたら、北口を出た右側、駅前ロータリーの端のOAZO（オアゾ）側を進んでください。横断歩道を渡ると都営バスのターミナルです。その一番右隅に銅像が立っています。鉄道の父「井上勝像」です。

鉄道の父が東京駅を見つめる

井上勝（1843〜1910）は「日本の鉄道の父」と呼ばれます。幕末にイギリス留学した「長州ファイブ」の一人です。維新後は鉄道事業を推進し、東海道線の開通では中山道案からの変更などを主導し、全通を実現しました。

案内
像から駅前広場の外周歩道をぐるっと回っていきましょう。駅舎真ん中部分は芝生の広場になり、ベンチもあります。駅と反対側は皇居まで続く行幸通りです。

駅前広場は建築観察ポイント

通りとしては東京駅前から日比谷通りまでの190m、幅73mの部分ですが、まっすぐ皇居まで続いて見えるように作られました。通常は歩行者広場ですが、外国の大使が任命されると、東京駅からここを馬車で通って、皇居に向かう道となります。地下も大きな広場で、災害時には避難場所となります。

東京駅前は大正から現代まで、様々な時代の建築を見ることができます。まずレンガ造りの丸の内駅舎。駅舎から見て右角には「日本工業倶楽部会館」。1920年完成でレトロなタイル張りと派手な装飾が特徴です。駅舎左には旧東京中央郵便局。外観保存ですが、1931

日本工業倶楽部会館

年完成のシンプルな近代的外観が特徴です。

案内 広大な駅前広場の南側ロータリーに近づいたら、行幸通りと直角に交わる「大名小路」を皇居方面に渡り、丸ビル角に出ます。角に小さな入口がありますので中に入り、すぐに右の狭い通路へ行きます。

見どころ 06

丸ビル保存基礎杭

丸ビル基礎だった杭を保存展示

入った先もエントランスですが、床のガラスの下に、長い木が横たわっています。これは旧丸ビルの基礎に使われていた杭で、その向こうには、その木から型取りしたモニュメントが立っています。1923年に建てられた旧丸ビルは、東京駅同様に松杭を地下に打ち込んで基礎としていました。丸ビルの方が地盤が悪かったため杭の長さは15mと長く、その数は5443本もありました。松はアメリカ産で、2002年に現在の丸ビルに建て替えた際、この1本が保存されました。

案内 入口に戻り、オフィスロビーを横切って商業スペースに出ます。オフィスロビーにはベンチがあります。右奥のエレベーターに乗り5階に行きましょう。5階の駅側には、丸の内駅舎を一望できるデッキがあります。東京駅丸の内駅舎の全貌がよく見えます。エレベーターで1階に下りてエントランスに戻り、駅側出口から外に出ます。建物を右に回り込んでいくと駐輪場がありますが、その奥に何やら船のようなものがあります。「リーフデ号像」です。

旧東京中央郵便局外観

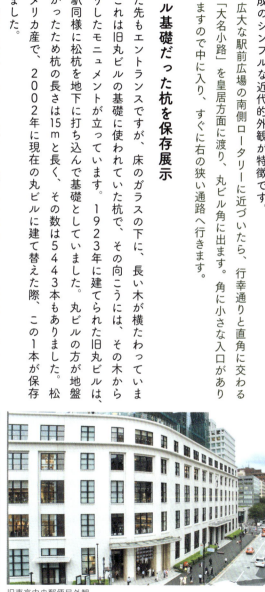

見どころ 07

リーフデ号像

日本・オランダ友好のモニュメント

現在、八重洲というと東京駅の東側を指しますが、戦前までは丸ビル付近の地名でした。それは江戸時代初期に徳川家康の外交顧問を務めたオランダ人、ヤン・ヨーステンの屋敷があったことに因みます。戦後、日本とオランダの国交が回復し、オランダの首相が日本を訪れた際、その400年の友好の歴史を記念してヤン・ヨーステンが乗ってきたリーフデ号の像を置きました。この船には最近話題となった米ドラマ「SHOGUN」の主要登場人物であるイギリス人、ウィリアム・アダムスも乗っていました。彼の屋敷跡は日本橋の章で紹介しています。

案内 丸ビル出口に戻って目の前の横断歩道を駅側に渡り左へ行きます。すると男性の像の背中が見えてきます。「アガペの像」です。

見どころ 08

アガペの像

BC級戦犯刑死者らの思い伝える像

1953年に出版された、BC級戦犯刑死者・獄死者数百人の遺書を集めた「世紀の遺書」という本の収益で建てられた像です。この本によって、あまり知られていなかったBC級戦犯の実態が広く知られるようになりました。

案内 像を正面に見て左手に進みましょう。大きな建物の脇を通りますが、これは東京駅地下の換気塔です。以前は高さ13mありましたが、駅舎の景観に配慮して、4mに切り下げられました。換気塔を抜けると左は丸の内南口。右の道路の先はKITTE、旧東京中央郵便局舎です。そちらへ渡りましょう。

アガペ像横の換気塔を左にまわり込む

大きい入口から入り、右手へ進み、エスカレーター奥のエレベーターに乗り6階まで行きます。レストラン階ですが、左手に進むと屋上に出られます。「KITTEガーデン」です。

丸の内駅舎がほぼ真横から眺められ、写真にも収めやすい場所です。右奥に進んでいくと東京駅に出入りする列車がひっきりなしに眺められ、いつも鉄ちゃんや子供たちで賑わっています。ベンチもあります。

下りるときは途中の4階で降りましょう。やはり左手に進むと奥に旧郵便局長室があります。窓の外は丸の内駅舎が手に取るよう。こんな場所で仕事をしていたのは羨ましい気がします。

最後は地下1階まで下りてください。左手に行き、地下出口を出るとそのまま丸の内地下広場です。正面の床が左右方向に盛り上がっています。これはこの下を丸ノ内線が通っているためです。この盛り上がりに上らないように左方向に回り込んでいきます。右手には光る壁がありますが、これは先ほど地上で見た換気塔の地下部分です。進んでいくとやがて広場になり、左前方の壁に赤い富士山の絵が見えてきます。

KITTE屋上から見た丸の内駅舎

旧東京中央郵便局長室

見どころ 09

スレート絵の富士山

石巻のスレートに描かれた富士

丸の内駅舎の屋根の多くは国産スレートで葺かれていました。復元の際も石巻市のスレートが使われる予定でしたが、2011年の東日本大震災で多くが損傷し輸入品も使われています。

足を延ばして　インターメディアテク

営11時～18時　休月曜、年末年始等　料無料
https://www.intermediatheque.jp/
東京大学総合研究博物館と日本郵便が共同で運営する無料博物館でKITTEの2、3階にあります。東大所有の様々な標本が所狭しと並びます。

このスレートの縁で、石巻市の小中学生がスレートに復興の希望を象徴する富士山の絵を描き、掲げられています。絵の脇にあるサンプルのスレートを触ることができます。

案内

富士山から振り返って左前方に進みましょう。遠くに大きな動輪が見えます。「動輪の広場」です。先ほどまで避けていた丸ノ内線の盛り上がりの上です。時々広場を利用したイベントが開かれて見通しがきかないことがありますのでご注意ください。

見どころ 10

動輪の広場

最大級の蒸気機関車の動輪

総武快速線・横須賀線の東京地下駅を建設する際に、蒸気機関車C62の動輪が展示され、待ち合わせ場所とされました。元は北口にありましたが、駅舎復元と同時期の整備で南口に移りました。

案内

今度は盛り上がりの上を進み、KITTE入口あたりまで戻ります。盛り上がりの上からKITTE入口を右手に見て、左の奥まったところにあるエレベーターで上ります。すると丸の内南口の目の前に出ます。ここを知っておくと、雨の日にKITTEに渡るときなどにバリアフリーで濡れずに地下から行けますし、周囲のビルにも行けます。

駅舎に沿って左手に進み、東京ステーションホテルの入口を目指します。駅舎の真ん中方向です。

見どころ 11

東京ステーションホテル

都内最高級格のホテル

東京駅開業の翌年に開業した由緒あるホテルで、運営が何度か変わり、復元時に休業期間も経ながら、現在も都内最高級格のホテルです。客室は駅舎の2、3階にあり、最高級の部屋は駅

矢印の先にエレベーターが。

舎中央で皇居が望めます。

案内　ホテルに入ったらロビーから右奥に入ります。もちろんここでお茶もできますが、お値段も最高級です。左側にエレベーター入口が2つありますが、奥の「中央エレベーター」で地下1階に行きます。降りると正面はスパで、左に行くとレストラン街です。その廊下に驚くものが飾ってあります。東京駅丸の内駅舎建設時に使われた基礎松杭です。

東京ステーションホテルの部屋から望む皇居

見どころ12　ステーションホテル保存松杭

駅舎基礎だった松杭をアートに

建設時の東京駅丸の内駅舎の基礎に使用された松杭の一部が、オブジェやアート作品となっていくつかステーションホテルの地下通路に保存されています。100年近く駅舎を支えていたかと思うと感慨深いです。

案内　丸の内南口に戻りましょう。こちらのスロープは手前にあります。中に入ると北口と同様のドームです。左手奥の券売機左側に「原首相遭難現場」とのプレートがはめ込まれています。

見どころ13　原首相遭難現場

戦前の首相暗殺の現場

説明板前の床に白い点があります。1921年11月4日、原敬首相は京都で開かれる立憲政友会京都支部大会へ向かうため東京駅に着きましたが、午後7時20分頃、柱の陰から突進してきた男にここで短刀で右胸を刺されました。原は駅長室に運ばれましたがすでに絶命していたそうです。

案内　ここの券売機で入場券を買います。入場券をわざわざ買うのは新幹線ホームにも行くためで

す。入場券は2時間しか有効ではないので、中で買い物などをするときは時間に気をつけましょう。普通の切符には制限時間はありません。

改札に入ったら左へ進んで丸の内中央改札までいきます。ここから右に曲がって中央通路を奥に進んでください。左側に東海道新幹線ホームに上る階段が現れ、東海道線ホームに上るエレベーターがあるあたり、階段の手前下に先ほど原首相暗殺現場で見たのと同じ、白いポイントがあります。振り返って後ろの柱を見てください。「濱口首相遭難現場」とあります。

見どころ 14

濱口首相遭難現場

再び首相が襲われた現場

1930年11月14日、濱口雄幸首相は岡山県で行われる陸軍特別大演習視察のため第4ホームを歩いていたところ、ピストルで狙撃されました。一命は取り留めましたが、その後の無理がたたり、翌年8月26日に亡くなりました。現在、当時のホームはかさ上げされて入れなくなったため、今はホーム下の通路床に事件現場を示す点が置かれています。

案内

ここから中央通路を少し戻って横切り、7・8番線ホームと9・10番線ホームの間の通路を進みます。すぐ左手に東北・上越・北陸新幹線などの乗り場へのスロープがあります。ここを上ります。上ったらJR東日本の緑色のサインではなく、JR東海の青色のサインが右手に見えますから、東海道新幹線乗り場の方に向かいます。入場券を東海道新幹線改札に通して中に入ります。取り忘れにご注意。奥まで進み、スロープを左手に下ります。エレベーター表示に注意してください。下って右へ行き、一番奥の18・19番線ホーム行きエレベーターに乗ります。東海道新幹線にはホーム行きエレベーターは各1基ずつしかなく、ちょっと奥まっていますがここに来るしかありません。ホームに出たら大阪方面に向かいます。長いですが一番端まで行きます。そこに「東京駅新幹線記念碑」があります。

見どころ 15
東京駅 新幹線記念碑

新幹線建設を推進した十河総裁の碑

島秀雄を技師長に招き、新幹線建設を強力に推し進めた十河信二《そごう》第4代国鉄総裁のレリーフがあります。十河は1955年から1963年まで総裁を務めました。

案内 エレベーターまで戻りすぐ脇の改札、八重洲中央南口を出ます。駅から出るので入場券は戻りません。右へ行き、すぐ右の壁にあるエレベーターで下ります。出たところは東京駅一番街内の東京ラーメンストリートです。左に行って突き当たりを左で八重洲地下街への通路です。

見どころ 16
八重洲地下街

日本「最大」の地下街

都内最大の地下街で1965年開業です。元々は地下駐車場建設に際してできる上部空間の有効活用法でした。総面積は6万4000㎡で全国2位ですが、1位の大阪のクリスタ長堀は駐車場が半分以上を占め、駐車場を除くと八重洲地下街が逆転します。

案内 地下街へ入ってスロープを下ったら、通りを左側に行ってください。右側の壁面にちょっと不気味な像があります。「ヤン・ヨーステン像」です。

足を延ばして グランスタ
https://www.gransta.jp/
東京駅は今や大レストラン・ショッピング街です。その中心が「グランスタ」ブランドの店舗街。2007年に駅地下のレストラン街などとしてオープンしましたが、その後どんどん拡大し、「丸の内」「京葉ストリート」などいくつものエリアがあります。濱口首相遭難現場近くのエレベーターで地下に下りると「スクエア ゼロ」「銀の鈴」のエリアが広がります。大部分の店がバリアフリーです。ところどころに休憩所・多機能トイレもあります。

見どころ 17

ヤン・ヨーステン像

八重洲地名の由来の人物

ヤン・ヨーステン・ファン・ローデンスタイン（1556?～1623）は、オランダ人の航海士で、先に紹介したリーフデ号で1600年に大分に到着しました。その後徳川家康の信頼を受け、外交・貿易顧問として江戸に屋敷を与えられます。「ヤン・ヨーステン」に「耶楊子《やようす》」の字が当てられ、のちに「八代洲《やよす》」となり、屋敷のあった丸の内の堀端が「八代洲河岸」と呼ばれます。これは今の馬場先堀あたりで、明治になると字が変わり「八重洲町」になります。今の丸の内口は当初「八重洲町口」と呼ばれていましたが、1929年に町名変更で八重洲町がなくなって地名が「丸の内」となったため、「丸の内口」と変わります。一方東口には同じ年に改札ができ、「八重洲に渡る橋」という意味の「八重洲橋」があったため「八重洲橋口」と呼ばれ、その後「八重洲口」と改称されます。戦後の1954年には町名も八重洲になり、地下街の名称も八重洲地下街になりました。

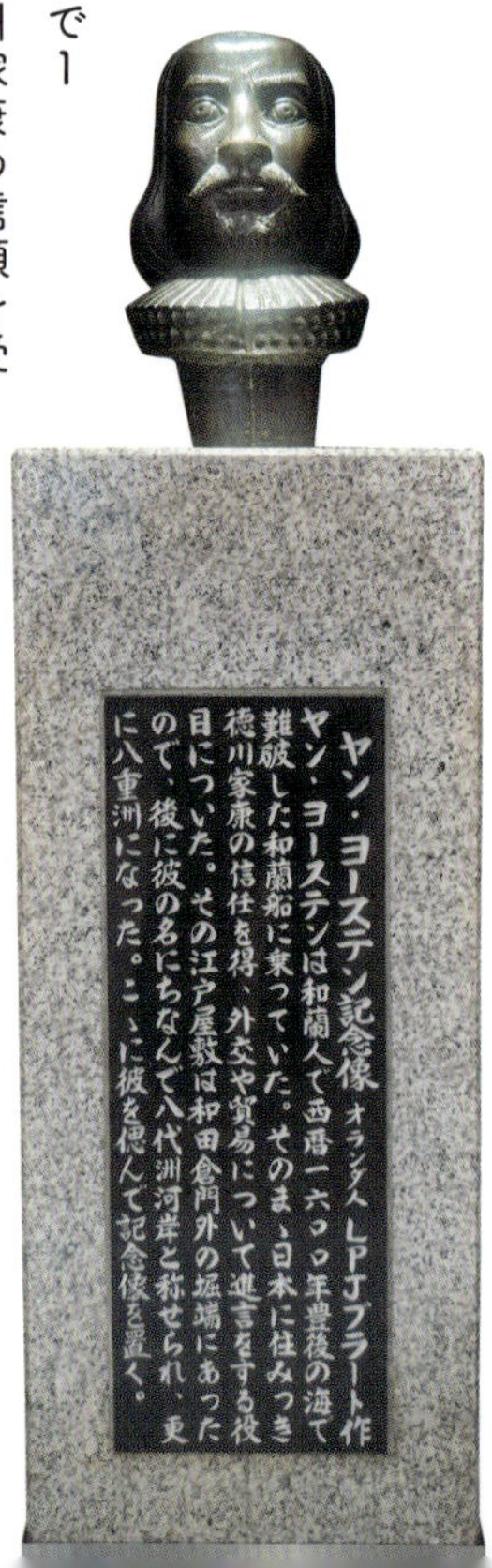

案内

通りをそのまま進みます。しばらく行くと右側に江戸の街の解説が浮世絵や地図などと共に描かれていて勉強になります。さらに過ぎると左側にJR東京駅八重洲北口の表示があり、大丸東京店への通路になりますので進みます。地下の食品街になったらすぐ右に入る

八重洲地下街の歴史解説

と、右手にエレベーターがあります。1階まで上りましょう。左へ行き、大きな通路でまた左に。屋外に出たらまた左。ビルの外側に「北町奉行所跡」とのプレートがあります。そのまま進んで車出口を横切ってすぐ左に入ります。右側に行くと、両側が石垣で囲われた通路となります。石の中に、付近で出土した巨大な江戸城外堀の石がありますので探してみてください。解説があります。奥まで進んで右手に行きます。植え込みの中にも石垣が保存してあります。これは発掘された「北町奉行所」の遺構です。

GOAL!

見どころ 18
北町奉行所跡

金さんも活躍した奉行所遺跡

北町奉行所は現在の丸の内トラストタワー本館あたりにあり、建設に伴う発掘調査で遺構が出土しました。その一部、北東の角の遺跡を移設してあります。鬼門封じのため角が削ってあるのが特徴です。

案内 石垣に挟まれた通路から丸の内トラストタワーのN館と本館の間を抜けていきます。すると目の前は東京駅日本橋口のロータリーです。左に東京駅日本橋口の入口があります。新幹線口はすぐですが、在来線は結構進まないと改札がありません。最寄駅はこちらですので、こちらからお帰りください。

北町奉行所プレート

愛宕《あたご》・芝《しば》コース

エレベーター活用　江戸の最高峰も楽々

港区の愛宕山は、自然の地形としては都内最高地点となり、江戸時代から江戸の街を展望する行楽地でもありました。今は周囲に超高層ビルが立ち並び、あまり展望は利きませんが、江戸以来の名所がひしめく境内や急勾配の石段は見ものです。歩いてほど近い増上寺は徳川家の菩提寺で、こちらにも名所がひしめきます。坂の多い一角ですが、都市内のエレベーターを駆使して攻略します。

愛宕・芝の歴史

愛宕山は江戸城に最も近い山で、その南の増上寺も丘の裾野にあります。そして東を東海道が通るため江戸の防衛上重要な場所であり、そのために愛宕神社と増上寺が作られました。そして増上寺はやや方向はずれますが、江戸城南西の裏鬼門守護の寺とも位置付けられ、さらに徳川家の菩提寺となって壮大な墓、霊廟も作られました。しかしそれが仇《あだ》となって明治維新後は境内を全て政府に取り上げられ、敷地の多くが政府機関などにされてしまいます。第二次大戦では徳川霊廟や建物は多くが焼けてしまい、戦後ようやく土地が返還されますが、霊廟は徳川家のものとされ、その後西武グループに転売されホテルが建ってしまいました。それでも、山門である重要文化財の三解脱門は都内最大級の木造建築で、将軍霊廟の門2つは、修復されてその輝きを取り戻しています。

線路に後付けの最新駅

東京メトロ日比谷線虎ノ門ヒルズ駅

ホームドア…〇　エレベーター…2　多機能トイレ（改札外）…1

案内

4両目で降ります。どちらのホームもエレベーターは真ん中付近にあります。この駅が面白いのは、ホームから改札へ1階下りることです。普通上がりますよね。この駅は虎ノ門ヒルズ地区の再開発に合わせて後付けした駅なので、ホームと地上の間に隙間がなく、こんな形になりました。最新の駅なので空間が広く、贅沢な造りに驚きます。改札を出て左へ行き、奥のA1エレベーターに乗りますが、1階で降りないで2階まで行き、A1b出口を出ます。出た場所は虎ノ門ヒルズ森タワーと虎ノ門ヒルズステーションタワーを結ぶ空中デッキで、両方のビルに向かって建物上庭園が広がっています。

建物を出たら右側へ向かいます。森タワー部分に入ると緩やかな下りになります。やがて右に、虎ノ門ヒルズレジデンシャルタワーに向かう橋がありますのでそちらへ渡ります。今回のルートは、こうした再開発でできた空中デッキ、ビル内外エレベーターを駆使して進みます。

見どころ 01 虎ノ門ヒルズ

虎ノ門の街が一変

港区の虎ノ門、愛宕にまたがる森ビルの再開発事業のブランド名です。2014年に最初の「虎ノ門ヒルズ森タワー」（以下「虎ノ門ヒルズ」を省略）が完成します。敗戦直後に決められた環状2号線用地にあり、長く実現できませんでしたが、道路を地下化しその上に高層ビルを建てることで一気に動き出しました。続いて北側の「ビジネスタワー」が2020年、南側の「レジデンシャルタワー」が2022年、最後に西側に「ステーションタワー」が2023年に完

成します。「ステーションタワー」が高さ266mなど、いずれも200m級の高層ビルです。さらにこの地区のために、東京メトロ日比谷線に新駅「虎ノ門ヒルズ駅」を2020年に新設し、銀座線の虎ノ門駅と地下通路で結びました。4つのビルがデッキで結ばれ、歩いて行き来できるうえ、デッキ周辺は緑化されていて気持ちが良いです。

案内

橋を渡って直進しレジデンシャルタワー敷地を抜けるとまた橋がありますが、その先には鳥居が見えます。この先は愛宕神社なのです。鳥居をくぐると左右に続く坂があり、右が上りです。右へ進むと愛宕神社なのですが、この坂はたいへんきつい坂です。やめましょう。左へ下っていきます。やや傾斜が急なのでもし車いすお一人で怖い場合は、戻ってレジデンシャルタワーのエレベーターで地上に下り、愛宕一丁目の交差点から回り込んでください。坂を下り切った左を見るとビルの下に馬に乗った神様のような像が見えます。

見どころ 02

真福寺

異形の仏像のあるビル内の寺

1591年の創建で1605年に現在地に移りました。後ろに見えるビルの下がお寺です。愛宕神社との関係が深く、幕末にはオランダなどの外交施設の宿舎となりました。少しビル側に進んだ階段下に解説板があります。

先ほど見えたのは勝軍地蔵といい、甲冑に身を包んだ地蔵菩薩です。江戸時代以前の神仏習合信仰の中で愛宕神社の本地仏（神様の本体）とされていました。もともとは本能寺の変で家康が堺から逃れる道中で土豪から献上された像で、その霊験で帰国できたという伝説がありました。愛宕山別当寺（管理する寺）の円福寺にありましたが、円福寺が明治の廃仏毀釈で廃寺になり、真福寺に移されました。しかし関東大震災で焼け、現在の像はその模像です。

愛宕・芝

見どころ 03

出世の石段

案内

先ほどの坂下に戻りそのまま進みます。すぐ先の右角赤いビル、「あたご小西」は、なんと1641年創業と400年近く続く酒屋の老舗です。「小西」ブランドは落語や歌舞伎にも登場します。今はワインバーもあるワイン店です。その先が愛宕神社の表参道です。右に入っていくと驚くような急階段があります。「出世の石段」です。

身の危険感じる急階段

江戸時代、愛宕神社前を通りかかった三代将軍家光が、山頂に咲く梅の花を見て「誰か馬で取ってこい」と注文します。石段の急勾配に誰もが下を向く中、丸亀藩の曲垣《まがき》平九郎《へいくろう》が見事騎馬で石段を上り梅の枝を取って下りてきたといいます。以後この石段を「出世の石段」と呼ぶようになりました。この話自体は伝説かもしれませんが、実際に馬でこの石段を上り下りした記録がいくつもあり、最近では昭和になってテレビ番組の企画で達成されています。実は上るのは簡単で32秒で上りましたが、下りるのが難しく1時間以上かかったようです。石段は86段あり、角度は40度といいます。スキーのジャンプ台とほぼ同じだそうです。

案内

この階段はもちろん上らずに来た道を進みます。次の角の横断歩道を渡ってから右へ行きます。奥にトンネルが見えます。これは23区内では唯一の自然地形に作られた自動車トンネルです。ほかは皆、地下道や構造物を通ります。平らですから通り抜けて戻ってくるのも一興です。両側に歩道があります。さて目的コースはトンネルの手前。左側にエ

見どころ 04

愛宕神社

レベーターがあります。愛宕山エレベーター。これも近隣の再開発ででき、深夜早朝は休止します。上って降り、デッキを進んでいくとそこは愛宕山山頂！　先ほど見た出世の石段の上まで運んでくれます。出た先は広場で、ベンチなどもあります。右へ向かうと愛宕神社です。

23区の最高地点に鎮座する防火の神

1603年、徳川家康が江戸の防火鎮守として京都の愛宕神社を分霊して建てました。神社のある愛宕山は標高約26mで23区内の自然地形ではもっとも高い場所です。江戸市街を一望する場所として軍事上も重要な場所でした。境内には様々な記念物があります。本殿は正面から行くと石段がありますが、両脇にスロープがあります。境内は最近再整備されて美しくなっています。

案内

愛宕山エレベーターに戻って下ります。降りたら右へ行き、交差点を右です。右側の高層ビルの隣が青松寺です。ビル敷地奥のスロープから境内に入ります。ビルも寺も再開発できれいになりました。坂を上り切ったところで折り返して進むと、左側に可愛らしい誕生仏があります。奈良の観光キャラクター「せんとくん」をデザインした藪内《やぶうち》佐斗司《さとし》氏の作品です。お顔がせんとくんに似ています。

おすすめお茶スポット　**山の上の茶屋**

営11時～16時　休木曜　車いすOK　https://www.atago-jinja.com/

ここも新しく開店したばかり。有機にこだわったメニューが多く、甘酒や葛餅などにホッとします。カレーなど食事メニューも。木の温もりのある店内は窓外の緑と相まって落ち着きます。

見どころ 05 青松寺

再開発で壮大な伽藍に

曹洞宗江戸三か寺の一つで江戸時代からの大寺です。再開発で改築されて見違える偉容になりました。境内には誕生仏のほか、四天王、十六羅漢、干支の動物など藪内作品が並びますが、段差なしで行けるのは誕生仏だけです。本堂前までは誕生仏左側のスロープから入れます。座る場所もあります。

案内

山門は階段で下りられないので先ほどのスロープから下り、道へ戻って門前を進みます。続いて隣の高層ビルに入りましょう。愛宕グリーンヒルズMORIタワーです。入ったエントランス内にテーブルや椅子があります。右奥のエレベーターで2階に行きます。2階には多機能トイレがあります。ビル内を通って正面エントランス側に出ます。左へ行くと「西新橋三丁目」交差点上の歩道橋デッキにつながります。そのまま進むとその先に歩道橋につながるエレベーターがあります。これで下ります。

日本は高度成長期に車を優先し、「人は階段を上れ」というひどい交通政策を進めました。ヨーロッパの都市に歩道橋などありません。最近はようやく利用者の多い歩道橋にはエレベーターがつくようになりましたが、もっともっと設置してほしいです。進んできたデッキの先に角の学校の校舎を結ぶ空中回廊が見えますので、そちらへ進みます。次の信号交差点が

歩道橋デッキ方面

足を延ばして　NHK放送博物館

営 9時30分～16時30分　休 月曜（月曜祝日の場合は火曜休）・年末年始　車いすOK
料 無料　☎ 03-5400-6900　https://www.nhk.or.jp/museum/

愛宕山エレベーターの、神社と反対側にNHK放送博物館があります。ラジオ本放送は1924年にここで始まりました。博物館は1956年に旧局舎を利用して開館します。放送の歴史と同時に、放送の仕組み、NHKの様々な番組の裏側などを知ることができます。

「御成門」交差点です。都営地下鉄三田線御成門駅の出入口がありベンチもあります。横断歩道を右側の公園の方に渡ります。この公園は散らばっている芝公園の一部で4号地と言います。公園に入ると右側に石碑があり「開拓使仮学校跡」とあります。

見どころ 06

開拓使仮学校跡

実は北海道大学は東京で創立

ここは江戸時代には増上寺の本坊でしたが明治政府に取り上げられ、その一角に1872年、開拓使仮学校ができます。ここで北海道開拓に必要な人材を育成し、1875年には学校ごと札幌に移転し、翌年には「少年よ大志を抱け」のクラーク博士がやってきて、札幌農学校となります。この学校がさらに北海道大学に発展し、碑は同大の同窓会が建てています。

案内

公園内の遊歩道を進んでいきます。あちこちにベンチがありますが多機能トイレはありません。みなと図書館内にはあります。まっすぐ先に東京タワーがすっくと見え、最近は外国人観光客らがよく写真を撮っています。そのまま進んで公園を出たら左へ。道路の向こう側に古い門が見えます。これが「御成門」です。本来は先ほどの交差点あたりにありました。将軍が増上寺に参詣する際に最初にくぐる門でした。道の左側、港区立のみなと図書館敷地の端には大きな石があります。お台場の石垣石です。お台場は幕末に異国船の江戸湾侵入を防ぐために造られた埋立地要塞「砲台場」で、その建設は今の港区側から進められました。ですからお台場地区の一部は、海の向こうなのに港区なのです。

歩道橋のある交差点手前を右です。御成門駅で入口の先右手に壮麗な門があります。

愛宕・芝

見どころ 07

有章院霊廟 二天門

空襲で壊滅、遺構も破壊

有章院霊廟二天門は七代将軍徳川家継の墓の門です。増上寺は江戸時代には徳川家だけのための寺で、現在の本堂の南北に広大な将軍や親族の墓がありました。南側は二代秀忠ただ一人、北側は5人の将軍の墓がありました。ちなみに初代家康と三代家光の墓は日光で、上野の寛永寺に綱吉ら6人、最後の将軍慶喜だけ谷中墓地に神式であります。

戦前はそれぞれ壮大な霊廟や位牌所の建物、五重塔などがありましたが、米軍の爆撃でほぼ灰燼《かいじん》に帰します。先述したように戦後、土地が国有地から返却されるのですが、墓は徳川家の所有とされます。しかし戦後の華族制度廃止に伴う財産税などで苦しんでいた徳川家は、土地を堤康次郎の国土計画に売ってしまいます。江戸時代は墓と寺の敷地の区別はなかったため、のちに増上寺と境界を巡って裁判となります。その後堤は土地開発のため墓の撤去を進めます。石造の墓は焼けずに残っていたのです。1964年の東京五輪に間に合わせるためのホテル建設を急いだため墓の調査発掘はなおざりで、なんと将軍らの遺体は全て火葬されてしまいました。表情や髪まで残っていた遺体もあったそうで、現代に残っていれば様々な事実が判明したと思うと残念でなりません。

二天門は、家継の墓の入口の門で、かろうじて空襲を逃れて残り、現在は重要文化財です。2019年に改修工事が終わったばかりなのでピカピカです。

案内

少しアップダウンのある歩道をそのまま進みます。右側におすすめごはんスポット「ル・パン・コティディアン」があります。道を渡った右角からが現在の増上寺です。江戸時代建設の重要文化財・三解脱門がありますが、ここは残念ながら石段の上なので上れません。通り

過ぎた先に、やや小さい江戸時代からの門、黒門があり、車も通る道ですのでここから入ります。

見どころ 08

増上寺

徳川家菩提寺、明治以降は苦難の歴史

9世紀、現在の麹町あたりに開かれたお寺が1393年に浄土宗に改宗して増上寺となり、徳川氏の関東移封に際しその菩提寺とされます。その後1598年に現在地に移転します。江戸時代は寛永寺とともに江戸の二大寺院として繁栄しますが、明治維新後は国有地の公園を無償で借りるという形でなんとか存続しました。東日本最大級の木造建築である三解脱門は空襲を逃れ重要文化財です。本堂は戦後の再建です。

案内

中に入ったら右側を進んでいきましょう。少し行くと右側に「車両進入禁止」の標識がある道があるのでそこに入り、すぐ左側の未舗装の道を行きます。残念ながら車いすではかなり進みにくいですが、ここしか段差のない通行路はありません。上に上がり大殿（本堂）を見ると真ん中に大きな階段があります。本堂は2階部分になります。

階段を右に迂回し、1階左手のガラスドアから入ります。すぐ右手に女性トイレ、男性トイレがあり男性トイレの先にあるエレベーターで2階に上ると、本堂に出て正面に回ることができます。次にそのエレベーターで地下1階まで下りると宝物展示室ですがこちらは有料です。見学が終わったらエレベーターで1階に戻ります。外に出て大殿北側、東京プリンスホテル側の安国殿に入りましょう。奥側にスロープがありますが本殿入口前に段差がありま

おすすめごはんスポット Le Pain Quotidien（ル・パン・コティディアン）芝公園店

営7時30分～21時　休無休　車いすOK

03-6430-4157　https://www.lepainquotidien.com/jp/ja/

オーガニックベーカリーで食事もできます。ベルギー発祥のお店で、様々なパンが絶品です。正面の入口は階段ですが、裏側から車いすで入れます。ただ外に店員はいないので、同行者が必要です。到着の際はお店に一報入れてください。

見どころ 09 増上寺大殿

宝物展示室

安国殿

見どころ 10 台徳院霊廟惣門

す。改葬された徳川将軍家墓所はこの裏にありますが、残念ながら石段を上らないと入れません。

歴史に翻弄された増上寺

1974年、鉄筋コンクリート造りの再建です。この大殿は1873年に廃仏主義者の放火で焼かれ、1909年にも火事で焼け、さらに戦災でも焼けるという苦難の歴史を経ています。現在の境内も広いですが、江戸時代は現在の住所で「芝公園」の部分はほぼ増上寺でした。それが明治維新、敗戦という2つの歴史の嵐によって今の境内に縮小されています。

二代将軍秀忠の霊廟を10分の1で精密に再現した模型が展示の中心です。実物は戦争で焼けましたが、イギリスの博覧会向けに作られた模型がなんと100年以上経って里帰りしているものです。適宜企画展も行われます。平日11時～15時（最終入場14時45分）土・日曜・祝10時～16時（最終入場15時45分）入館料700円。火曜休。チケットは地下で買えます。

「安国」は徳川家康の法名の一部で、家康の菩提を弔う場所です。家康が深く信心した黒本尊が祀られています。

案内 来た道を戻り、増上寺前の道、日比谷通りに出ましょう。右に行くと先ほどよりさらに壮麗で巨大な門があります。二代将軍秀忠の霊廟惣門で重要文化財です。惣門は近くまで寄れますが、くぐるには石段があります。左側から裏にも回れます。

とてつもない規模だった二代秀忠の墓

空襲で焼ける前は、ここから先のザ・プリンスパークタワーの敷地は全て秀忠一人の墓でした。

先ほど模型を見た霊廟や五重塔、位牌所なども残り、全国の大名らが寄進した無数の灯籠が並ぶ荘厳な場所だったのです。ところがここも西武グループによってゴルフ練習場、さらにはホテルにされ、土地も削られて往時の面影を失ってしまいました。

案内 横の隙間から区立の芝公園に入りましょう。都立と区立があってややこしいですが、都立の方は維新後すぐに明治政府が増上寺の土地を取り上げて作ったのに対し、区立の敷地は敗戦まで芝東照宮の土地であり、戦後企業の手に渡ったのち、平成になって公園となりました。芝生を抜けて隣の東照宮の森へ向かいます。その名の通り徳川家康が祀られています。残念ながら本殿までは石段があり上れませんが、石段下まで行って、遠くから見ることはできます。

見どころ 11 芝東照宮

明治までは増上寺と一体

1617年、徳川家康自身が持っていた家康像を祀る増上寺の社殿として建立され安国殿と称しました。明治の神仏分離令で増上寺と分離させられ、芝東照宮となります。増上寺の安国殿は、この失った家康を祀る場所として新たに作られたものなのです。戦災で東照宮の社殿等は焼失しますが、ご神体の家康像と家光手植えのイチョウ、土台の石垣などが残りました。

案内 長い参道を日比谷通りまで戻りましょう。通りを右に行きます。道路の反対側に都営地下鉄三田線芝公園駅のエレベーター入口があるのですが、横断歩道がないので、先の信号交差点まで向かって渡ります。階段入口の先に、エレベーターの入口が独立してあります。

愛宕・芝

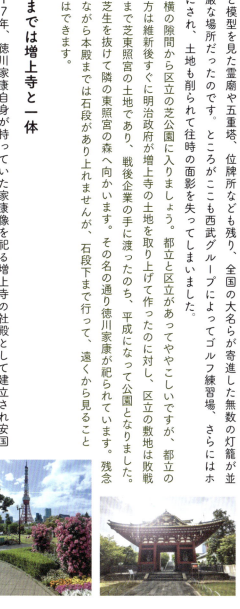

上《うえ》野《の》コース

15 寛永寺
16 常憲院霊廟勅額門
鶯谷駅
JR東北本線
上野中
東京藝術大学
家綱霊廟門
平成館
国際子ども図書館
忍岡中
旧京成電鉄博物館動物園駅
法隆寺宝物館
東京国立博物館
京成本線
14 黒門
東洋館
10 竹の台広場
13 旧寛永寺本坊表門
東京都美術館
11 ボードワン像
国立科学博物館
JR山手線
上野動物園
07 旧寛永寺五重塔
12 野口英世像
国立西洋美術館
07 上野東照宮
09 小松宮彰仁親王像
08 グラント将軍植樹碑
06 お化け灯籠
岩倉高
東京文化会館
時の鐘
摺鉢山古墳
東京メトロ日比谷線
上野駅
05 天海僧正毛髪塔
上野の森美術館
04 清水観音堂
04 王仁博士の碑
台東区役所
03 彰義隊の墓
京成上野駅
浅草通り
東京メトロ銀座線
不忍池
上野駅
02 西郷隆盛像
01 東京メトロ銀座線上野駅
マルイ
中央通り
上野洋食遠山
0
200m

江戸から明治、歴史の宝庫
様々な文化施設に目移り

上野公園は全域が江戸時代にできた寛永寺の跡です。寛永寺は今も将軍6人の墓がある徳川家ゆかりの寺。明治政府はその境内のほとんどを取り上げ、さまざまな文化施設を作って、それが今の上野の賑わいにつながりました。コースのほとんどが公園であり、歴史ポイントとともに、現役文化施設にも目移りします。

上野の歴史

縄文時代ごろまで現在の上野駅東側は海で、高台の上野公園あたりは海の幸と山の幸が豊富な住みやすい場所でした。古墳時代には多くの古墳も造られます。徳川氏が江戸に入ると、江戸北側の高台である上野は軍事上も重視され、江戸城北東の鬼門の地にも当たることから、天海僧正の発案で大きな寺を作ることになります。その役割は都であった京都を守る比叡山延暦寺に擬せられ、最終的に30万坪以上もの巨大な寺となります。幕末戊辰戦争の際には彰義隊が立て籠もったため戦場となり、多くの建物が焼け、ほとんどの土地が寛永寺から取り上げられ上野公園となりました。その後明治政府は跡地で博覧会を開き、そこから博物館が置かれます。さらに東京美術学校や音楽学校が置かれて文化色が強まり、動物園や科学博物館も作られて現在のような姿になります。

START

戦前の駅ながら近年改修

東京メトロ銀座線上野駅

ホームドア…◯　エレベーター…2　多機能トイレ（改札内）…1

案内

銀座線上野駅は東京メトロでも最古の駅です。そのため狭く、エスカレーターがないなど（日比谷線ホームにはあります）、使いやすい駅とは言えません。しかし近年の改修でだいぶ改善はされました。浅草寄り、6号車で降りてホーム端のエレベーターに乗り、改札に出ます。改札を出て右奥のわかりにくい場所に地上行きエレベーターがあるのですが、このエレベーターは不便な場所に出るので使いません。

見どころ 01 銀座線上野駅

メトロ最古の駅に様々な展示

銀座線上野駅は改修でミニ博物館と化しています。まずホームには産業遺産としての解説や古いレール、開業時のポスターなどの展示があります。上野駅ホームは対面式で2つに分かれていますが、余裕があればエレベーターで反対ホームにも行ってみてください。改札を出る手前には「マーキュリーパティオ」という休憩室があり、ベンチ・自販機・電源完備です。コインロッカーもあります。疲れたらご利用を。そして改札には開業時の改札の再現展示があり、改札前左側の柱は一部がガラス張りになっており、その中は開業時のスクラッチタイル張りの柱が保存展示されています。

案内

改札を出たら、正面はJR駅方面への階段やエスカレーターなので左に行きます。左側に旅客案内所（ツーリストインフォメーション）があります。そのまま行くと地上に出る斜路なのですが、その壁面に上野の文化施設の簡単な紹介解説が掲げられ、この通路を洒落て「文化の杜路」と称しています。読みながらゆっくり進むのも一興です。後半やや

開業時の改札の再現展示

上野駅ホームの展示

斜度がきついですが、車いすでも行けると思います。

出た場所はJRの高架下、JR上野駅不忍口です。駅前の交差点を上野のお山側に渡ります。このお山のきわには飲食店など雑多な店が入る雑居ビルがありましたが、近年の再開発で2つのおしゃれな飲食ビルに生まれ変わりました。

その左側「UENO3153（さいごーさん）」に入ります。交差点を渡って手近の入口にエレベーターがありますので屋上まで行きます。押しボタンには「上野恩賜公園方面」と書いてあります。するとあら不思議、建物を出たところはもう上野公園のベンチもある広場で、向こうには西郷さんの後ろ姿も見えます。また建物外壁にはかつての上野公園の様子が錦絵で描かれています。

文化の杜路

UENO3153ビル

上野公園の錦絵

見どころ 02

西郷隆盛像

軍服反対され浴衣姿に

西南戦争で逆徒とされた西郷ですが、1889年の明治憲法発布で大赦となりました。これを機に薩摩出身者を中心に銅像建立が計画され、1898年に除幕式が行われました。当初、皇居外苑に建てようとしましたが、朝敵の像を皇居前に建てることに反対意見があり上野になります。また浴衣姿の像であるのも、軍服姿はけしからん、という意見を考慮したためといいます。犬は薩摩犬で名は「ツン」。西郷に似ていない説がありますが、作者の高村光雲は親戚や関係者に綿密に取材しており、かなり実物に近いはずです。

案内 西郷像のお尻の方へ回りましょう。大きな供養塔のようなものがあります。彰義隊の墓

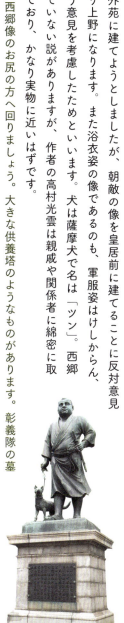

見どころ 03 彰義隊の墓

見どころ 04 清水観音堂

王仁博士の碑

一です。

「彰義隊」の文字はない彰義隊の墓

彰義隊の戦死者は見せしめのためしばらく野ざらしでしたが、近隣の円通寺住職らが荼毘《だび》に付して弔いました。当初は墓などは許されませんでしたが、やがて小さな墓が造られ、1881年になってようやく今の墓石ができました。しかし墓石に「彰義隊」の文字はありません。山岡鉄舟が書いた墓碑銘は「戦死之墓」です。右にスロープがあり、近くまで行くことができます。

案内 さらに奥に進みましょう。左側に清水観音堂が見えます。残念ながら階段を上らないとお堂に入れません。右の木立手前には大きな碑が建っています。王仁博士の碑です。

重文の建築と戦前にできた碑

江戸を京都と見なすための仕掛けで京都の清水寺を模した舞台があります。1631年建立で国の重要文化財です。最近、江戸時代に名物だった、お堂前の「月の松」を復元しました。堂内には彰義隊の戦いを描いた絵馬が飾られ、またその脇に、戦局を転換した佐賀藩のアームストロング砲の砲弾もあります。

王仁《わに》博士は約1500年前、朝鮮半島の百済から日本に漢字と儒学をもたらしたとされる人物で、日本各地に伝承地があります。碑は日本が朝鮮を植民地としたのち、ある朝鮮人と日本の国学者が建碑を企画し、当時の著名人に協賛を募って1939年に建てられました。何らかの

おすすめごはんスポット 上野洋食遠山

営11時～15時、17時～23時　休月曜（月曜祝日の場合火曜休）　車いすOK
☎03-5826-4755　🌐https://ueno-tooyama.jp/
上野には洋食の名店も多くありますが、このお店は2017年オープンと比較的最近できたお店です。しかしながら味はしっかり、接客も上質、それでいて価格は高級ではありません。個人的には国産牛ホホ肉の赤ワイン煮込みがオススメです。

政治的意図を持って建てられたようですが、今は碑の存在を知る人すら少なく、どのような意図だったかはよくわかりません。

案内
遊歩道が続いていますので、そのまま木立の中に進んでいきましょう。左手に石の玉垣で囲われた場所があります。108歳まで生きたという、寛永寺を創建した天海僧正の毛髪塔です。

見どころ 05
天海僧正毛髪塔

108歳の長寿をまっとうした天海の供養塔

天海僧正は以前には明智光秀ののちの姿、などの俗説もあり謎の多い人物とされていましたが、今は会津の名族の出身で、比叡山で学び本当に108歳まで生きたらしい、とわかっています。徳川家康が関東に来た頃に知り合い、以後相談役となりますが、活躍するのは家康の死後で、家康の神号に「権現」をつけることを強硬に主張し、実現させたのは有名です。秀忠・家光にも仕え、特に家光の信頼は厚く、寛永寺が巨大化する一因になりました。天海の墓は家康・家光と同じ日光にあり、この場所には死後、弟子が毛髪を埋めて供養しました。108歳のお坊さんの毛髪とは不思議ですが、剃髪した時の髪だ、という人もいます。

案内
遊歩道はよく整備されていて車いすでも安心です。抜けていくと右手は上野の森美術館。その隣は日本芸術院です。やや左にカーブしていくと小山があります。上野公園にあった最大の古墳、摺鉢山古墳です。全長70mもの前方後円墳だったようですが、寛永寺の造営などで壊されています。清水観音堂はかつてこの上にありました。山裾を左の方に下っていきます。上野山下から登ってくる上野公園のメインスト

正面の摺鉢山古墳を左へ

上野

見どころ

06 お化け灯籠

リートに出ますので横切って上野精養軒への道へ入りましょう。左側に「韻松亭」という和食どころがあります。右の山の上には上野大仏のお顔がありますが、急坂のうえ段差があります。「韻松亭」の隣は見えにくいですが鐘撞堂があり、これが有名な上野の時の鐘です。「花の雲　鐘は上野か　浅草か」と芭蕉が詠みました。今も朝夕6時と正午に人の手で撞かれています。そのまま精養軒前の道を進みます。右手の林の中に巨大な灯籠が見えます。お化け灯籠です。

巨大灯籠好きの大名が寄進

右手に入って見てみましょう。この先の左手に上野東照宮に寄進された中でも特大の灯籠があります。高さはなんと6・8mもあり、おそらく大きすぎて参道には並べられず、少し離れたこの場所に置かれたのだと思います。この灯籠を通称お化け灯籠といいます。1631年に信濃長沼藩主の佐久間勝之が寄進したもので、この人は大灯籠好きだったらしく、京都南禅寺、名古屋熱田神宮にも大灯籠を奉納していて、この3つを「日本三大灯籠」とも言います。

案内

また精養軒前の道に戻り進むと、車道から細い歩道が分かれ「上野東照宮」の幟が立っています。そこへ入りましょう。すぐに東照宮の広い石畳の参道途中に出ます。参道入口には江戸期に建てられた巨大な石鳥居があるのですが、そこには石段があります。参道を左です。参道は古い石畳なので車いすですとかなり心地が悪いですが頑張ってくだ

細い歩道を入る

さい。また時々右上方を気をつけていてください。寛永寺五重塔が見えるいいポイントがあります。長い参道の奥に金色に輝く社殿が見えます。

見どころ 07

上野東照宮

金色に輝く東照宮社殿

この地にあった大名・藤堂高虎の屋敷内東照宮を、１６５１年に徳川家光が拡張したものです。彰義隊の戦い・関東大震災・戦災を生き延びた強運の神社として人気です。創建当時の社殿、酒井忠世寄進の入口の石造鳥居、48基の青銅製灯籠などが重要文化財です。全国の大名から寄進された石灯籠が２００基ほど並ぶのも壮観で、どの大名の寄進かを見るのも楽しいです。２０１３年まで修復が行われ、新しくなり金箔を貼った社殿は眩しいほど。有料の内部拝観は車いすでは入れません。またぼたん苑も有名ですが、こちらも車いすでは入れません。

旧寛永寺五重塔

今や23区内唯一の江戸時代の五重塔で重要文化財です。もともと東照宮の塔として建てられ、現在のものは１６３９年の再建です。だから東照宮に近いのです。現代の感覚では神社に五重塔は不思議ですが、日本古来の信仰では当たり前でした。維新後の神仏分離で壊されそうになりますが、東照宮宮司が「あれは寛永寺のもの」と言い張って逃れたと言います。今は上野動物園内にあり、入園料を払わないと近づけません。また１９５８年に寛永寺から寄付され、所有は東京都となっています。

案内 東照宮の参道を戻りますが、車いすの方はお化け灯籠まで戻り、そのまま進んで広い遊歩道に出ましょう。出たら左。東照宮の鳥居を左に見て、すぐに右先の小道に入ります。

鳥居前の石段は3段しかありませんので、大丈夫そうな方は回り道せずにそのまま参道を戻って下りてください。小道に入って登った広場にはベンチがあり、そこを右に行くと、右側に大きなレリーフがあります。グラント将軍植樹碑です。

見どころ 08

グラント将軍植樹碑

明治初期の国賓の記念碑

ユリシーズ・グラントはアメリカ南北戦争の英雄で第18代大統領です。退任後世界一周の旅に出て、1879年7月から2か月間、国賓として日本に滞在しました。その際の歓迎式典が上野で開かれ、グラントはヒノキを、夫人はタイサンボクを植えます。その後由来が忘れられるのを惜しんだ渋沢栄一らが、50年後の1929年に碑を造りました。渋沢は歓迎時の接待委員代表でした。残念ながら碑の近くにあるヒノキはほぼ枯れかけて復活治療中。タイサンボクは巨樹になっています。

案内 さらに奥に進むと騎馬の小松宮彰仁親王像があります。

見どころ 09

小松宮彰仁親王像

戊辰戦争で戦った宮様

親王は伏見宮家の王子で、戊辰戦争では奥羽征討総督などとして従軍しました。維新後も近衛師団長、参謀総長など軍務に携わる一方、日本赤十字社初代総裁、大日本山林会初代会頭など社会事業にも関わりました。ここに像があるのは、実の弟で、寛永寺トップの輪王寺宮として敵味方で戦った北白川宮能久親王とのゆかりと言います。像の周りに段差があり、車いすだと正面には回れません。

見どころ

10 竹の台広場

案内

小松宮像の先は石段しかないので、元のスロープに戻り、右手の上野動物園入口に向かいましょう。石段は数段ですので、大丈夫と思う方はそのまま下りてください。動物園入口を左に見て、右の広場に向かいましょう。この大きな広場は竹の台（たけのうてな）広場と言います。近年の改修でカフェが広場両側に2軒でき、噴水が縮小されてイベント広場ができました。

広場の左側を進みます。スターバックスの先の木立の手前に「寛永寺根本中堂跡」の解説板と浮世絵のレリーフがあります。

竹の台広場

寛永寺根本中堂跡のレリーフ

かつての壮大な伽藍跡

江戸時代には、徳川綱吉建築の寛永寺の本堂である壮大な根本中堂などがありました。また上野は桜の名所ですが、これは天海僧正が奈良・吉野の桜を移したのが始めで、元禄の頃には日中は市民に開放されました。

案内

解説板の右後ろに続く遊歩道の奥に銅像があります。上野の恩人、ボードワン像です。

足を延ばして　国立西洋美術館／東京文化会館

国立西洋美術館

営 9時30分～17時30分（金・土曜は～20時　入館は終了30分前まで）

休 月曜（月曜祝日の場合は火曜休）、年末年始　車椅子OK

https://www.nmwa.go.jp/jp/index.html

東京文化会館

営 10時～22時（コンサートスケジュールによる）　休 年末年始、臨時休あり　車椅子OK

☎ 03-3828-2111　https://www.t-bunka.jp/

世界遺産となったル・コルビュジエの名建築「国立西洋美術館」と、弟子の前川國男設計の「東京文化会館」は、竹の台広場から上野駅に向かう手前に向かい合っています。両方ともバリアフリーで、ロビーは無料で入れます。建物の相似点や相違点を楽しめます。

見どころ 11
ボードワン像

文化の杜、上野の立役者

アントニウス・ボードワン（ボードウィン）はオランダ陸軍軍医で幕末以来、日本の西洋医学教育に貢献しました。1870年、勤務していた大学東校（東大医学部の前身）が広場に移転することになりましたが、ボードワンは上野の自然環境の良さからこれに反対し、東校移転先は現在地である金沢藩前田家屋敷跡の本郷に変更されます。その後上野は博覧会場から博物館ができ、文化の地への道筋ができました。これもボードワンのおかげと1973年に像が建てられます。しかしなんとオランダ政府が提供した写真が間違っており、長年弟の像が建っていました。2006年になってようやく正しい顔の博士像が建てられました。

案内 では逆戻りして噴水の方へ向かいます。広場を横切り、噴水を左に見て、右手に見えるトイレの左側の遊歩道を林の中に入ります。左奥に見慣れた顔の野口英世像があります。

見どころ 12
野口英世像

おなじみの偉人の像

貧しい農家から、事故による障害を克服して医師になって業績を挙げ、道半ばで闘っていた病に倒れた、と日本では偉人伝の代表としてお札の顔にまでなった人物ですが、後年業績の多くは否定され、金遣いの荒さや借金の手口が明らかになっています。戦後まもなく医師会などが像を作って設置場所を探していましたが、希望した場所

に許可が下りず上野公園に落ち着いた、と言います。

案内 野口英世像の脇を抜け、背後の国立科学博物館に向かいます。1930年に建てられた本館は国の重要文化財です。博物館前を左です。車道に出たら右手の横断歩道を渡って右に曲がります。左側にある寺も寛永寺の一部で、天海上人を祀る開山堂です。ここは石段を上がらないといけないので通り過ぎると、今度は隣に大きな門があります。旧寛永寺本坊表門です。

見どころ 13

旧寛永寺本坊表門

彰義隊の戦いの砲弾跡が残る

今の国立博物館正門付近にあった、寛永寺本坊の表門で通称黒門です。その後移転されました。近年修復され綺麗になりましたが、あえて彰義隊の戦いの際の大砲や鉄砲の穴が残してあります。重要文化財です。

案内 元来た道を戻りましょう。まっすぐな道を行くと国立博物館正門があり、さらに進むとまた右に大きな門があります。これも黒門です。

見どころ 14

黒門

貴重な大名屋敷の正門

丸の内にあった鳥取藩池田家上屋敷の表門が移築されています。江戸の大名屋敷の建造物はほとんど残っておらず、正門が残っているのは、あとは赤坂に移築されたものだけです。重要文化財。土・日曜祝日は門が開かれ、博物館入館者は中からくぐることができます。車いすも可です。

案内 さらに進むと、角に小さな神殿のような建物があります。現在は廃止された京成電

国立科学博物館

鉄の博物館動物園駅の入口です。通常は中には入れません。この角で向こう側に渡ってから右に行きます。進んでいくと左にレトロな建物があります。国際子ども図書館です。

案内

そのまま進んで三叉路を渡って左です。少し先に寛永寺の入口がありますが、3段ほど石段があります。その先、車も入れる入口には段差がありません。

江戸最大の寺院

寛永寺の創建は、江戸が日本の中心であることを天下に示すことも目的でした。境内は現在の上野公園はもちろん、上野駅、不忍池、上野動物園、東京芸大から谷中墓地にかけてまで含まれました。現在の寛永寺はかつての境内のほんの一部です。寛永寺山首は天台宗トップの天台座主で、天皇の子供である輪王寺宮が幕末まで務め、実質的に日本宗教界を支配しました。根本中堂前に多くの絵入りの解説板があり、壮大な規模や役割がわかります。

案内

寛永寺の本堂（根本中堂）右側を抜けていきます。駐車場の先の門を出ると寛永寺の墓地です。左右に分かれる墓地内の道を右に行くと広場の左手に赤い柱に緑

足を延ばして　東京国立博物館

営9時30分～17時　金・土曜は～20時　休月曜（月曜祝日の場合は火曜休）、年末年始ほか臨時休館あり　車いすOK　料総合文化展（常設展）　1000円（大学生500円）　高校生以下または18歳以下・70歳以上は無料　050-5541-8600　https://www.tnm.jp/
1938年に完成した本館は重要文化財。障がい者と介助者1人は入館無料のうえ、並ばずに優先入館できます。本館背後の「庭園」も車いすで一周可能です。

GOAL!

見どころ 16 常憲院霊廟勅額門

の屋根の門が見えます。五代将軍徳川綱吉の霊廟の門です。

五代将軍綱吉の墓の門

寛永寺墓地には、五代綱吉、八代吉宗ら6人の将軍の墓、また最近有名になった篤姫の墓などもあります。増上寺同様、壮大な霊廟は爆撃で焼けましたが、ごく一部が残ったのと、墓などには手をつけられていません。ただ通常公開はされず、時折参加者を募集しての見学会がありますが、階段が多く車いす等での参拝は難しいです。この門は重要文化財で、門手前の柵まで近づけます。

案内 広場に面した門から出て左に行きます。しばらく歩くとまた左手に同じような門があります。こちらは四代将軍家綱の霊廟門です。こちらも柵の外から眺めるだけです。そのまま道なりに進みましょう。左側は寛永寺の墓地です。道が大きく左に曲がって下るところが新坂です。少し急で歩道も狭いので注意しましょう。新坂を下るとまもなく左手にJR鶯谷駅があります。小さな駅ですが、エレベーター、多機能トイレ完備です。

足を延ばして 国際子ども図書館

営9時30分～17時 休月曜・祝日・休日（こどもの日は開館）、第3水曜、年末年始
車いすOK 料入館無料 ☎03-3827-2053 休https://www.kodomo.go.jp/
1906年に帝国図書館として開館し、その後国会図書館の分館となりましたが、2000年に増築・改修工事を行って「国立国会図書館 国際子ども図書館」となりました。子供が喜ぶ蔵書や施設はもちろん、戦前からの児童書など大人の勉強にもなります。

浅草《あさくさ》コース

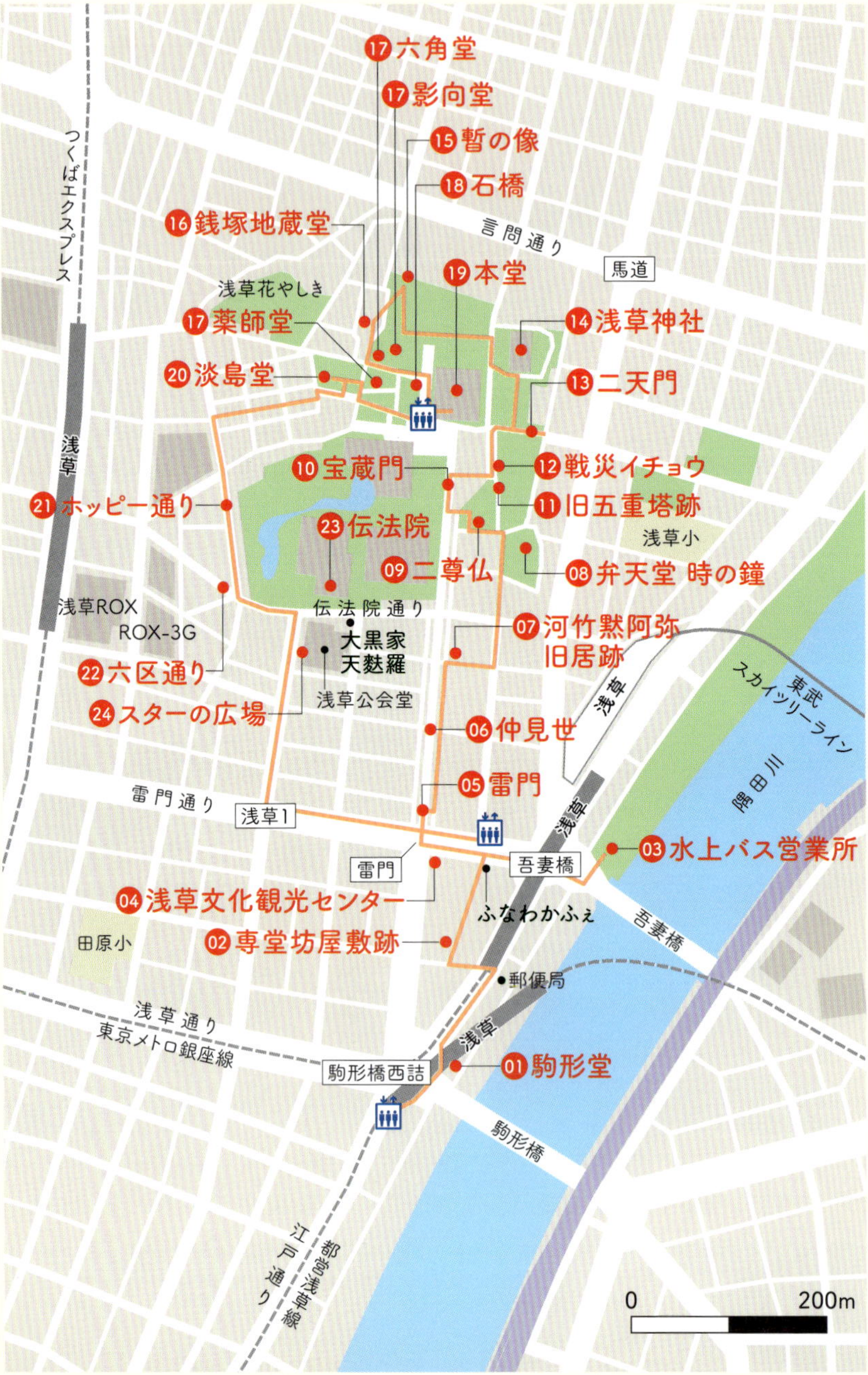

17 六角堂
17 影向堂
15 誓の像
18 石橋
16 銭塚地蔵堂
言問通り
馬道
19 本堂
浅草花やしき
17 薬師堂
14 浅草神社
20 淡島堂
13 二天門
つくばエクスプレス
浅草
10 宝蔵門
12 戦災イチョウ
21 ホッピー通り
11 旧五重塔跡
23 伝法院
浅草小
09 二尊仏
08 弁天堂 時の鐘
浅草ROX
ROX-3G
伝法院通り
大黒家
天麩羅
07 河竹黙阿弥
旧居跡
22 六区通り
浅草
東武
スカイツリーライン
24 スターの広場
浅草公会堂
06 仲見世
隅田川
05 雷門
雷門通り
浅草1
吾妻橋
雷門
03 水上バス営業所
04 浅草文化観光センター
ふなわかふぇ
吾妻橋
田原小
02 専堂坊屋敷跡
郵便局
浅草通り
東京メトロ銀座線
浅草
01 駒形堂
駒形橋西詰
駒形橋
都営浅草線
江戸通り
0
200m

江戸以来の行楽の街 人混みはご覚悟を

江戸・東京で歴史散策をするうえで、やはり浅草は欠かせません。江戸最古の寺、浅草寺を中心に栄えてきた街ですが、一時の停滞から近年は外国人観光客を中心に賑わいが戻ったというか戻りすぎでいつも大混雑です。地形は平坦で移動はさほど苦労しませんが、何せ古い街、施設や店舗のバリアフリー対応は今ひとつで、混雑がかなりネックです。なるべく混雑を避ける方法もご紹介します。

浅草の歴史

浅草の歴史はもちろん浅草寺から始まります。628年、付近の漁師、檜前浜成《ひのくまのはまなり》・竹成《たけなり》の兄弟が、隅田川から観音像を網に引っ掛けます。それを持ち込んだ近在の有力者・土師真中知《はじのまなかち》（＝中知《なかとも》）が自宅に祀ったのが浅草寺の始まりと言い、23区最古の寺です。浅草は東京低地の中では微高地で、古代から隅田川河口部の港として栄えたようです。江戸時代初期には江戸城鬼門（北東）守護の寺として重視されますが、寛永寺ができると庶民の寺として賑わいます。その後裏手に吉原が移り、幕末には歌舞伎小屋も移り、江戸近郊の行楽地として浅草は不動の地位を築きます。明治になって歌舞伎小屋はなくなりますが寄席や芝居小屋などはますます増え、戦後は映画の衰退などとともに一時衰えますが、近年は外国人観光客が大挙して押し寄せ、大変な賑わいとなっています。

4つの「浅草駅」は全部別の場所

都営地下鉄浅草線浅草駅

ホームドア…○　エレベーター…1　多機能トイレ（改札外）…1

案内　都営線を使うのは、銀座線より空いていること、バリアフリー経路がより簡単なことも理由です。浅草には東武、つくばエクスプレスも「浅草駅」がありますが、東武は沿線が限られ、つくばエクスプレスは繁華街から遠いです。

都営浅草駅で押上方面ホームに到着する場合は7号車付近で降りてください。西馬込方面ホームの場合は2号車付近です。押上方面ホームからだと、エレベーターを降りたら手近の改札は出ないで右の長い回廊に入ります。西馬込方面ホームからはエレベーターを降りて左で同じ回廊を歩くことになります。改札を出て正面奥のエレベーターで地上へ。エレベーターを出て右に行き、進んで行く方向に横断歩道を渡ると、渡っている道路の右手は駒形橋。渡ると「駒形堂」です。

見どころ 01

駒形堂

観音様が現れた聖地の前

観音像が現れたのはこの前の隅田川です。昔のお堂は川に面していました。最初に建ったのは942年と言います。境内には浅草観音戒殺碑があります。観音様が現れた付近の隅田川は古くから殺生が禁じられ、お堂前の10町（約1㎞）では漁ができませんでした。碑はボロボロですが、江戸時代に建てられた碑が関東大震災で行方不明になり、その後土中から発見され復元されたためです。浅草寺の本尊示現会は、観音像発見をお祝いするお祭りです。また浅草神社の船渡御《ふなとぎょ》は、発見の過程をなぞっており、駒形堂前で神輿は上陸します。

案内　駒形堂入口のスロープを出て右に曲がっていきます。雷門郵便局の前の横断歩道を渡りま

す。両脇に「一之宮商店会」と書かれた寺社風街灯が迎えてくれます。最初の路地を右に入り、すぐ左のビル植え込み内に「専堂坊屋敷跡」の解説板があります。

見どころ 02

専堂坊屋敷跡

1000年以上続いた浅草寺創建の家

観音様を見つけた檜前兄弟と、祀った土師真中知の3人を浅草寺建立の功労者と称え祀ったのが三社権現（浅草神社）です。以来明治維新まで3人の子孫が浅草寺も運営してきました。その3人のうち、土師真中知の子孫が与えられた屋敷跡です。浅草神社の宮司は今も土師さんです。

案内

入った通りを進むと両側はもう人力車や和服体験の店、土産物店などが並びます。すぐに雷門通りに出るので右へ。角にふなわかふぇがあります。曲がったところからはもう平日でも大変な人出です。吾妻橋交差点に出て横断歩道を渡り、今度は左に渡ります。右に行くと江戸時代から橋がある吾妻橋です。橋の左に金の雲とビールの泡が屋上に浮かぶアサヒビール本社、その左に葛飾区役所、さらに後ろにスカイツリーと、絵になる風景が見えます。

橋の袂左側に3階建ての白いビルがあります。ここから発着する水上バスの営業所です。

水上バス営業所からの眺め

見どころ 03

水上バス営業所

快適な環境で景色を見る

水上バスに乗るわけではないのですが、眺めがいいのと、休憩できるので立ち寄ります。階段は上らずに建物の左側に進んでいくと、エレベーターがありますので2階に行きます。目の前

おすすめお茶スポット　ふなわかふぇ

お芋のプリン495円

営10時～19時　休無　03-5828-2703　https://funawa.jp/fr/40

ご存知芋ようかんの舟和が作った甘味カフェです。芋ようかん・あんこ玉はもちろん芋づくしメニューで楽しめます。そして浅草の飲食店ではうれしい多機能トイレがあり、フラットな路面店です。一部バリアフリーではない箇所も。

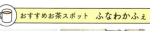

はガラス張りで、スカイツリーなどをいい配置で見ることができます。もちろん出入りする遊覧船も見えます。1階下にはテイクアウトのカフェもあり、持ち込んでくつろげます。意外と知られていないので空いていることが多いです。エレベーターの乗り口裏に多機能トイレがあります。

案内　吾妻橋交差点からふなわかふぇの方へ戻ります。専堂坊屋敷跡からきた道には戻らずまっすぐに行くと、左手前角に、木が組まれたような外観の「浅草文化観光センター」がありますので、エレベーターで8階まで上ります。

見どころ 04

浅草文化観光センター

ユニークな外観の展望台

台東区の観光施設です。2012年の完成時には奇抜なデザインが街にそぐわない、などの意見もありました。8階が展望テラス（9時～22時）になっており、車いすの目線でも仲見世から本堂までがよく見えます。スカイツリー方面も見えます。自由に入れるスペースにはベンチもあり、隣のカフェも意外と空いている時があります。1階に多機能トイレがあり、2階には授乳室やオムツ替えベッドもあります。設計は新国立競技場などを設計し、今をときめく隈研吾氏です。木を多用することで知られています。

案内　雷門交差点に下りて、目の前の「雷門」に向かいましょう。

見どころ
05 雷門

実は「風雷神門」が正しい名

正式には「風雷神門」といいます。１８６５年に焼失後、仮設の門のままでしたが、１９６０年に松下幸之助の寄進で再建されました。門の右が風神、左が雷神です。これをどうして「雷門」と呼ぶようになったかは定かではありません。古い寺社の門は大抵段差があってくぐれないのですが、雷門の良いところはバリアフリーであること。巨大な提灯の下を通ってみてください。提灯の底には龍の彫り物があります。また裏側には寄進者の「松下幸之助」の名と、懐かしい「松下電器産業」の企業名があります。裏に回るとあまり知られていませんが、左に天龍、右に金龍がいらっしゃいます。神像ですが龍なので尻尾があります。

案内　雷門をくぐって抜けたら、右側の店舗裏の道に入りましょう。「仲見世」の商店を見物したければ仲見世を進んでも結構ですが、特に休日は物凄い人なので、通行に時間がかかるのをご覚悟ください。

見どころ
06 仲見世

江戸時代から続く商店街

江戸時代からある商店街で、境内の清掃をする代わりに出店の特権を得たのが始まりと言います。現在は関東大震災後に建てられた建物に90店ほどが入居しています。明治維新後に寺から政府が取り上げますが、戦後は土地は浅草寺、建物は東京都所有となっていました。ところが２０１７年に浅草寺が建物を都から買い、このため固定資産税が発生することから家賃の大幅値上げが提示され揉めましたが、8年かけて16倍の家賃にすることで２０１８年に折り合いました。以前は破格の安さだったというので、新価格は妥当なのでしょうか？　食べ歩きの店や

見どころ

07 河竹黙《もく》阿《あ》弥《み》旧居跡

いかにも日本土産、といった店が並び、どこも大賑わいです。

案内 裏の道は舗装がややガタガタしていますが支障はないです。人混みは少ないです。新仲見世との十字路を過ぎ、右向こう角に仲見世会館があるところで右に入ります。建物の右角に「河竹黙阿弥翁住居跡」の碑があります。

歌舞伎繁栄の大恩人

河竹黙阿弥（1816〜1893）は幕末から明治にかけての歌舞伎狂言作者です。この人がいなかったら今の歌舞伎の隆盛はないと言われるほどの名作家。天保年間から1887年に本所に引っ越すまでここに住みました。主な作品に（すべて通称）「忍《しのぶ》の惣太」「鼠小僧」「三人吉三」「白浪五人男」「弁天小僧」「慶安太平記」「髪結新三」「河内山と直侍（河内山）」など、「あれっ、江戸時代の作品じゃないの?」と思われる名作がずらずら。浅草神社境内にも顕彰碑があります。

案内 そのまま進んで、広い観音通りに出たら左に行きます。その先左右の広い道は伝法院通りですが、この通りの建物の上には、ところどころ黙阿弥作の「白浪五人男」の登場人物たちが潜んでいます。日本駄右衛門だけは左手路上にいます。お時間があれば探してみてください。

ここから道はやや細くなりますが、まもなく右手に公園があり、小山の上に御堂があります。「弁天堂」と「時の鐘」です。

見どころ 08 弁天堂

時の鐘

見どころ 09 二尊仏

浅草にも残った時の鐘

このお堂の弁財天は白髪で「老女弁財天」と呼ばれます。お堂は小山の上にあるのでちょっと登れません。弁天様はだいたい池の中に祀られるので、手前の公園部分は昔、池でした。隣り合う鐘楼の鐘は江戸時代の作。上野で紹介した芭蕉の「花の雲　鐘は上野か　浅草か」の句で知られる時の鐘がここにもあります。

案内 弁天堂の先はもう浅草寺境内です。目の前はちょっとした坂の上になりますが、大きなトイレで多機能トイレもあります。トイレ手前の店舗前の道を左に行きます。すぐ右に露天の大きな銅製の仏像があります。

江戸商人の寄進でできた仏

「濡れ仏」として知られるのは観音菩薩、勢至《せいし》菩薩の坐像で、江戸時代の建立当初から露仏で屋根がありませんでした。雨が降ると濡れてしまうので「濡れ仏」。江戸時代の商人が、かつて奉公した店や主人への感謝、供養で建てたと言います。高さ2・36mもの像です。どんなすごい恩だったのでしょう。

案内 この辺りには小さなお堂や石仏などがそこかしこに並んでいます。眺められるものは眺めて、脇に聳《そび》える巨大な宝蔵門に向かいましょう。

見どころ 10

宝蔵門

こちらは昭和の寄進で完成

かつては「仁王門」と呼びました。1964年、大谷重工業の大谷米太郎、ではわかりにくいですね、ホテルニューオータニを開業した方です。この方の寄進で再建され、名前の通り門の上が宝物庫になっています。「小舟町」の提灯は、江戸時代からの伝統で日本橋小舟町からの寄進です。「魚がし」の灯籠も伝統で豊洲の水産会社が寄進しています。裏には1941年から山形県村山市から長さ4・5mもある大草鞋《おおわらじ》が奉納され掲げられています。これは「この門の仁王はこんな大きな草鞋を履くんだぞー」と魔物を脅かすためだそうです。

案内

門をくぐったら正面が本堂ですが、ここはいったん右へ向かいます。現在の五重塔と門を挟んでほぼ対角線上の位置、境内の端近くに小さな石柱が立っています。「旧五重塔跡」です。戦災イチョウの太い幹の手前です。

見どころ 11

旧五重塔跡

戦災で焼けた五重塔

五重塔は942年に建てられたものが最初と言いますが、戦前は江戸時代の1648年に三代将軍家光が建てたものが国宝に指定されていました。残念ながら戦災で焼け1973年に場所も移されて鉄筋コンクリートで再建されています。

案内

旧五重塔跡の後ろには焼けた仁王門の江戸時代の礎石の巨石が置いてあります。さらにその脇には、ものすごく太いイチョウの木がありますが、よく見ると幹がボロボロです。「戦災イチョウ」です。

見どころ
12 戦災イチョウ

爆弾の直撃から蘇ったイチョウ

源頼朝が挿した枝から大きくなったとの伝説もある大イチョウが境内にあります。東京大空襲では直撃を受けたらしく全体が焼けましたが、その後新しい葉が芽吹き、遠目には普通のイチョウと変わらないほどになっています。イチョウは火に強く、都内でも各所に戦災イチョウ、震災イチョウがあります。

案内 さらに境内の奥を見ると鳥居があります。浅草神社（三社権現）、通称「三社様」です。神社に入る前に右手に行きましょう。大きな「二天門」があります。

見どころ
13 二天門

元は東照宮の門だった浅草寺最古の門

浅草寺の東の入口です。1618年に建てられた浅草寺で最も古い建物で重要文化財です。元は境内にあった東照宮の門で、随神門という名でしたが、明治の神仏分離で変えられました。スロープがありますが、木製の段が付けてあるので車いすでくぐるのは難しいでしょう。周囲は回れます。

案内 戻って三社様に入りましょう。

見どころ
14 浅草神社（三社権現）

浅草寺創建の偉人を祀った神社

浅草寺を造った檜前浜成・竹成、土師真中知の3人を祀ったので、元は三社権現といいました。ここのお祭りが三社祭です。社殿は1649年に徳川家光が寄進したもので重要文化財。古い神社建築なので造りが独特です。境内は記念碑だらけで、とても説明しきれません。「こち亀

の碑」などというのもあります。賽銭箱の前までスロープで行けます。

案内

左奥の参道から出ましょう。裏は大きな広場・駐車場です。残念ながら砂利舗装ですが、車いすでもなんとか通れます。はとバスがよく停まっているスペースを抜けると、奥に大きな銅像があります。「暫の像」です。

見どころ 15 暫の像

「劇聖」と呼ばれた明治歌舞伎の大立者

「劇聖」と称された明治の歌舞伎役者、九代目市川團十郎の十八番「暫（しばらく）」の像です。先ほどの河竹黙阿弥と共に、役者にこの人が出なかったら、やはり歌舞伎は廃れたかもしれない、と言われる大俳優です。戦時中に金属供出のため失われましたが、十二代目市川團十郎（亡くなった先代）襲名を機に復元されました。このため現在の像のモデルは十二代目です。

案内

像を背にして進んでいくと、右奥に花やしきの塔が見えます。この塔はもう使っていないのですがシンボルとして残しています。日本最古の遊園地ですが、残念ながら車いすで利用できるのはお化け屋敷ぐらいしかありません。さらに進むと右手に銭塚地蔵堂があります。

見どころ 16 銭塚地蔵堂（カンカン地蔵）

叩かれてツルツルのお地蔵さん

戦国時代の終わりごろ、現在の兵庫県西宮市に住んでいた武士の妻が、家の庭から大量の銭を見つけます。しかし彼女は「いわれのない金を自分のものにすることはできない」と埋め戻し、その様子を子供たちに見せます。子供らはのちに出世し、埋めた場所の上に地蔵を立て、今も

銭塚地蔵尊として残ります。どうやらその子孫が、浅草寺に分霊して建てたお堂だと言います。商売繁盛のご利益があるそうです。

お堂の右手前に、ツルツルになった石があります。元は仏の姿だったそうですが、石で叩くと「カンカン」といい音がするため叩かれ続け、こんな姿となり「カンカン地蔵」と呼ばれています。

案内 地蔵堂を出て右に行くと、すぐ左にたくさんのお堂などがある一角があるので入ります。敷地と道路に少し段差がありますのでご注意を。

見どころ 18 六角堂 影向堂《ようごう》 薬師堂

小さなお堂が集められたエリア

浅草寺の境内は神仏分離や震災、戦災を経てだいぶ変わっています。江戸時代には先ほどの広場・駐車場あたりにもたくさんの神仏が祀られていました。それらを整理し、この場所も整備されています。

入ってまず左の小さなお堂が「六角堂」です。二天門と同じ1618年建立の浅草寺最古の建物です。現在は日限地蔵尊を祀っています。お堂のほぼ前まで段差なしで行けます。

その隣が「影向堂」です。1994年の再建で、十二支の生まれ年ごとの守り本尊が安置されていますが、堂内に入るには石段があります。

影向堂を背に進むと、右奥に「薬師堂」があります。これは浅草神社社殿と同じ1649年の建立で、やはり1994年の移転です。薬

叩く石が手前に置いてある

六角堂

影向堂

薬師堂

師如来をお祀りしています。

案内 他にも周辺には様々な仏像、石碑などがあります。影向堂前に戻り、右手の大きな本堂側を向きましょう。その途中に人工の渓流を渡る橋がありますので、渡っていきます。橋の上から右手に見えるのが「石橋」です。

見どころ 18 石橋

都内最古の石の橋

しゃっきょう。現在は浅草寺内にない東照宮へ渡る橋として1618年に作られた都内最古の石橋です。

案内 橋を渡ったら右です。本堂の角のところにエレベーターがあります。天水桶の向こうで、2階建ての建物のようになっています。出るとそこから本堂周りの回廊を回れますし、本堂にはスロープで入れます。

見どころ 19 本堂

誰も見ることができない観音様を祀る

浅草寺は大部分の堂宇が戦災で焼けてしまいました。本堂は1958年の再建です。近年、軽量化のため屋根瓦がチタン製の瓦にされました。本尊の聖観音は絶対秘仏で誰も見ることができません。その存在を疑った明治政府が調査したところ、確かに奈良期の作と思われる観音像があったといいます。天井画の龍は川端龍子《りゅうし》作です。

案内 エレベーター下から五重塔が見える方向に行きましょう。右の道に入ります。先ほどのお堂がたくさんあった場所の先に、もう一つお堂があります。「淡島堂」ですが、入口に少し段

淡島堂の入口

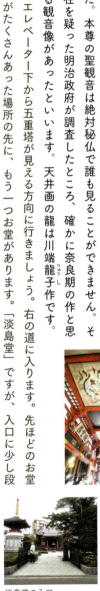

差があります。

見どころ

20 淡島堂

戦後の仮本堂、ご本尊を隠した桶も

淡島明神は日本古来の信仰ですが、明治維新時に祭神は少彦名命《すくなびこなのみこと》と固定されました。婦人病など女性の守り神とされます。和歌山県の本社から江戸時代に分霊され、現在のお堂は2回移転しています。1956年までは仮本堂として観音様を安置していました。また、お堂左の天水桶には、1943年に観音様が厨子ごと入れられ、本堂の地下深く埋められました。浅草寺の僧たちは東京大空襲の遥か前に、東京の惨禍を予期していたわけですね。1947年にご本尊は掘り出され、無事が確認されました。その手前の石灯籠は、子供がくぐると病気にならないとされています。他にも針供養の塔や、浅草地区の空襲死者の慰霊塔などがあります。

案内 お堂を正面の入口から出て右へ行き、すぐ角を右です。左側に新奥山という記念碑地帯がありますが、中は未舗装でかなりガタガタしているので入れません。「映画弁士塚」「喜劇人の碑」などがあります。まっすぐ進んで「西参道」のアーケードに入ります。アーケードを出て左へ行くと、昼間から大勢飲んだくれている「ホッピー通り」です。この道は舗装が悪いのでご注意を。

見どころ

21 ホッピー通り

最近は外国人にも大人気

ホッピーはノンアルコールビールのような商品で、焼酎で割って飲みます。この通りは戦争直後から飲み屋街で、「煮込み通り」と呼ばれていましたが、ホッピー系飲料が人気となりいつ

しかこの名になりました。２００mもない通りの両側に20軒以上もの飲み屋が並び、早い店では9時ごろから飲めます。席は路上にも設けられ、いつも大賑わいです。最近は、昼間から公共の場で酔っ払うことなどない欧米人に「東京らしい風景」と大人気です。

案内 ホッピー通りを誘惑に負けず、五叉路まで抜けると右奥は「六区通り」です。

見どころ 22 六区通り

有名喜劇人の写真が並ぶ

浅草寺の敷地は明治維新後に全て政府に召し上げられて浅草公園とされます。その後瓢箪《ひょうたん》池が掘られ、その土で土地造成も行われ、１８８４年に六つの区画に分けた上で土地利用の方向を決められました。このうち娯楽街とされたのが六区で、ここだけに区分け数字が残りました。当初は演劇の劇場ができ、20世紀になると多くの映画館もできます。戦後、テレビが普及すると寂れますが、今も喜劇や落語などの劇場があり、ストリップ劇場もあります。萩本欽一、北野武ら多くの喜劇人がここから生まれました。六区通りには、浅草ゆかりの著名喜劇人の写真とプロフィールが街灯に掲げられています。

案内 六区通りとは反対側の伝法院通りに入ります。T字路になった左側に、「鎮護堂」があり、その先に「伝法院」の大きな門があります。

見どころ 23 伝法院

見事な庭園がある浅草寺の本坊

「鎮護堂」は入口に段差があり、入れません。その先の「伝法院」は浅草寺の本坊、本部寺務所です。普段は入れませんが、国指定名勝の見事な庭園があります。不定期に有料で公開されます。

GOAL!

見どころ 24

スターの広場

案内 伝法院の門正面の道を進みます。左角は浅草公会堂で、その前はスターの広場です。

有名芸能人の手形がずらり

浅草ゆかりの芸能人の手形が、1979年から浅草公会堂前に設置されてきました。設置面にも上がれますが、歩道から眺めるのがいいでしょう。現在は敷地内がいっぱいになり、毎年5人程度の手形が、公会堂前のオレンジ通り歩道上に設置されています。

往年の大スターの手形がずらり

案内 オレンジ通りを進んで雷門通りまで出ましょう。出たら左です。雷門前を通り過ぎ、その先の観音通りの角に東京メトロ銀座線浅草駅があります。エレベーターには雷門通り側からしか入れませんのでご注意を。通路を通っていくと改札です。浅草駅は終点ですがホームは2つあり、交互に電車が出発します。しかし改札の向こう側のホームに行くには改札外から先ほどとは別のエレベーターに乗り、改札に入り、さらに別のエレベーターに乗らないと行けません。やや待つ可能性はありますが、降りてすぐの改札から入ったホームで列車を待つのが楽だと思います。ちなみに改札を入ったらなるべく右奥に進むと、乗車待ちの人が少なく楽です。

おすすめごはんスポット **大黒家本店**

海老天丼2400円

営 11時～20時　休 無　車いすOK　☎ 03-3844-1111

http://www.tempura.co.jp/

伝法院門まで曲がらずまっすぐ行くと右角にあります。浅草に多い、ごま油たっぷりの老舗天ぷら屋です。

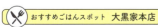

深川《ふかがわ》 コース

東京メトロ半蔵門線
清洲橋通り
清澄3
清澄白河
02 霊巌寺
03 深川江戸資料館
中村高
深川資料館通り
深川宿
清澄公園
清澄庭園
紀伊國屋文左衛門の墓
01 清澄白河界隈
fukadaso café
洋食屋Pond
深川図書館
チーズのこえ
06 採茶庵跡
05 曲亭馬琴誕生の地
平野
伊勢屋平野店
ブルーボトルコーヒー
コーナン
04 深川寺町界隈
清澄通り
都営大江戸線
明治小
深川
第二中
法乗院
深川えんま堂
深川1
葛西橋通り
MARCO
07 深川公園
08 深川不動堂
数矢小
09 富岡八幡宮
門前仲町
10 横綱力士碑
臨海小
門前仲町
11 弁天社
永代通り
0
200m
12 巨人力士碑
東京メトロ東西線
12 伊能忠敬銅像

寺町でカフェの街、清澄白河
江戸以来の庶民の聖地、門仲

近年、地下鉄路線が2つも通り、なぜか素敵なカフェが集う街になった清澄白河。江戸時代から寺院が密集する寺町でした。その南に隣り合うのが、隅田川東岸の開発のために創建された富岡八幡宮門前町として賑わった門仲です。相撲興行や祭礼で江戸の下町文化の一大中心地となりました。この2つの地域を結んで歩きます。平らな土地なので、楽ちんな歴史散歩の街です。

深川（清澄白河・門前仲町）の歴史

小名木川より南は、家康の江戸入り以前は海。それより北も低湿地で人が住むのに適した場所はありありませんでした。1657年の明暦の大火以降両国橋が架けられ、隅田川以東の開発が進められます。江戸中期までは隅田川が武蔵国と下総国の境で、だから両国橋でした。本所・深川地区は新開地で湿気が多いため大名屋敷は少なく、清澄あたりは江戸市街から多くの寺が転出して集められ、同時に江戸の東の守りとされました。白河の名は新しく、昭和の初めに、霊巌寺に白河藩主だった松平定信の墓があることにちなんでつけられました。門前仲町はその名の通り、富岡八幡宮の門前町の中心、という意味です。江戸初期の神社の創建は幕府の支援を受け、相撲興行なども行われて賑わい、隅田川東岸の中心となっていきます。

意外と都心に近い

東京メトロ半蔵門線、都営地下鉄大江戸線清澄白河駅

半蔵門線｜ホームドア…×｜エレベーター…1｜多機能トイレ（改札内）…1
大江戸線｜ホームドア…○｜エレベーター…2｜多機能トイレ（改札内）…1

案内 半蔵門線清澄白河駅は東京メトロでは珍しくなったホームドア未設置駅ですが、近々設置されそうです。両駅とも改札を出たら、A3出口方面に向かいます。出口階段の手前にエレベーターへの通路があります。降り口はマンション建物内です。敷地脇の通路に出て左へ行きます。車道に出たら右です。

見どころ 01
カフェの街 清澄白河

西海岸に似ているとカフェの街に

清澄白河は木場も近く、倉庫街・物流の街として発展してきました。しかし物流の大規模化や周辺の住宅地化が進む中で賑わいは失われ、空き倉庫が目立つようになります。その建物が大型焙煎機を入れるのに好都合だった、というのが本格コーヒーの店が集まった理由の一つだそうです。一躍注目されたのは、2015年にアメリカの「ブルーボトルコーヒー」海外1号店がここに出店してからです。創業地のオークランドに似ていること、人混みがなく落ち着いた街であること、などを創業者が気に入ったそうです。その後、清澄白河周辺には既存の名店とともに次々と自家焙煎のカフェが集まるようになりました。

案内 そのまま進んで最初の角を左です。点字ブロックもあり、歩きやすい広い歩道のある「深川資料館通り」です。すぐ左に大きなお寺の山門があります。霊巌寺です。

おすすめお茶スポット　**ブルーボトルコーヒー**

営8時～19時　休無休　車いすOK

https://store.bluebottlecoffee.jp/pages/kiyosumi

入口に少しだけ段差があります。店内の一部に段差があり、トイレはその奥にあります。スタッフがお手伝いくださいます。

見どころ 02

霊巌寺

寛政の改革、老中の墓と巨大地蔵

1624年、雄誉《おうよ》霊巌上人が隅田川河口を埋め立てて霊巌島を築き建てた寺ですが、明暦の大火後の1658年に、幕府によって現在地に移転させられます。隅田川東岸再開発の一環です。寛政の改革を主導した松平定信の墓があります。また高さ約2.7mもある江戸六地蔵座像第五番もあります。

案内 山門を出て左ですぐに深川江戸資料館があります。

見どころ 03

深川江戸資料館

江戸の街の一日を再現

江戸の街や生活について展示する江東区立の施設で、天保年間ごろの深川佐賀町の街並みを再現した実物大の展示が人気です。肥料問屋、長屋の路地、水茶屋、船宿、屋台などがあり、朝から夕方の一日を照明や音響の変化で15分ほどで表現しています。車いす利用可能で、エレベーターで案内してくれます。エントランスや周辺にベンチもあります。

案内 資料館を出ましたら、右前の路地へ入ります。深川丼の店「深川宿」があります。美味しいのですが、店内が狭く車いすで入るのは困難です。

路地をまっすぐ進みます。最初の十字路右の一角に紀伊國屋文左衛門の供養墓があります。中には入れません。近くに邸宅があったとの伝説があります。

元の道に戻り進みます。両側はずっとお寺やお墓です。

見どころ

04 深川寺町

寺また寺、墓また墓の深川寺町

江戸の街は、外堀のやや外側に江戸を取り巻くように多くの寺町、寺の団地が並んでいました。谷中寺町が有名ですが、高輪寺町、四谷寺町、駒込寺町などがあります。近くには街道が通り、いざという時に街道筋を守る砦となることが期待されていました。深川寺町は千葉方面の道筋や運河を守るためのもので、霊巌寺の南や東、さらにこのあと海辺橋を越えた門仲への道筋東側に多数のお寺が今もひしめいています。

案内 次の十字路もやや右方向ですがまっすぐ。左に「理科室蒸留所」というカフェがある角で右です。すぐ左手が「fukadaso café」。そのまま進むと左に小さな「container bakery san」があります。すぐに広い車道、清澄通りに出るので左へ。道路の向こうに見える森は清澄庭園です。

案内 清澄通りを進んでいくと左手に江東区の施設があり、その前に「曲亭馬琴誕生の地」のモニュメントがあります。

見どころ

05 曲亭馬琴誕生の地

最初期の職業作家

「滝沢馬琴」（1767〜1848）の名が知られますが、「滝沢」は武士としての本名で、「馬琴」はペンネームですので本来おかしな組み合わせです。十返舎一九と並んで、作家業だけで暮らせるようになった最初期の人です。現代でも読み継がれる「南総里見八犬伝」や「椿説弓張月」が代表作です。

おすすめごはんスポット 洋食屋Pond

営11時30分〜14時、17時〜22時　休火曜　車いすOK　☎03-5809-9054

住東京都江東区三好2丁目2-4

家庭的な雰囲気の洋食のお店。寺町に入るとカフェは多いのですがボリュームのある食事の店は貴重です。お手洗いはバリアフリーではないので介助の方の同伴を。

案内 お隣には門仲の和菓子の名店、伊勢屋の平野店があります。

案内 伊勢屋前の清澄通りを反対側に渡り、すぐに左へ渡ります。目の前は橋で、川にかかっていますが「海辺橋」。渡るとすぐ右に芭蕉の像があります。

見どころ 06 採茶庵《さいとあん》跡

「奥の細道」出発時の住居

日本橋時代から芭蕉の援助者だった杉山杉風《すぎやまさんぷう》の別荘があった場所で、正確な場所は不明ですが、もう少し門仲寄りだったようです。芭蕉は奥の細道の旅に出発する前に芭蕉庵を手放し、ここに仮住まいしてから旅立ちました。ただ普通、奥の細道の出発地というと、最初に句を読んだ千住とされます。芭蕉像の横に座れます。また目の前の仙台堀川沿いには、奥の細道で読んだ句があちこちに掲げられています。

案内 そのまま進んで、次の信号交差点で清澄通りを反対側に渡り、通り沿いに進んでください。この道沿いにもお寺が並びます。法乗院のえんま堂は江戸時代からの名所で、お賽銭を入れると閻魔様のありがたいお言葉がいただけますが、残念ながら車いすに対応していません。

清澄通りを進んでいくと首都高が見えてきます。首都高下には、左側に駐輪場などへ向かう道がありますので入ります。やがて広場となり、右側にグラウンドがあります。深川公園です。グラウンドの向こう側の

駐輪場の手前を左へ

おすすめおみやげスポット チーズのこえ

営11時～19時　休不定休　車いすOK

http://food-voice.com/cheese-no-koe

北海道産ナチュラルチーズの専門店で、常時50種類、年間数百種類ものチーズを販売しています。

深川

一端から公園内に入れますので、右に曲がって公園に入ります。

富岡八幡別当寺、永代寺の跡

江戸時代、幕府は宗教統制のためすべての神社に別当寺という管理の寺を設けており、富岡八幡宮の別当寺は永代寺といいました。そもそも富岡八幡を創建したのも僧侶で、2つは一体のものとして運営されていました。しかし明治の神仏分離でどちらかに決めざるを得ず、永代寺住職が還俗して富岡八幡の神官となり、永代寺は廃寺となります。寺跡は明治政府が強制的に深川公園とします。かつては立派な庭園などがありました。あちこちにベンチがあります。

案内

グラウンド脇を通り、右に渋沢栄一書の日露戦争記念の巨大な石碑とその脇に小さな「富岡八幡別当寺永代寺跡」との石柱があります。左手にはこれも巨大な石造燈明台があり、ここを左に曲がります。路面が悪くなるのでご注意を。すぐ左側にかつての永代寺想像図があります。すぐ先に深川不動堂へ入るスロープがあります。建物の中へくぐる形になります。梵字で覆われた壁の下右手に受付窓口がありますので、車いすや足の弱い方は申し出てください。すぐそばの入口から新本堂に入れます。大丈夫な方は右に進んで、旧本堂階段を上ってお参りしてから新本堂に向かいましょう。入口がわかりづらいので、事前によく聞いておくと良いです。

中央のスロープを入る

右手が受付窓口

足を延ばして　清澄庭園

営9時～17時（入園は～16時30分）　休年末年始　車いすOK（半周散策可能）
☎03-3641-5892　料一般150円　65歳以上70円（障害者手帳・アプリ等保持者と介助者1名は無料）　https://www.tokyo-park.or.jp/park/kiyosumi/index.html
大実業家岩崎弥太郎の邸宅跡のうち半分ほどを保存した公園です。車いすでも大きな池を半周できます。入口は清澄白河駅すぐそばなので、このコースを巡る前に訪れてください。

深川不動堂

豪華絢爛な極楽浄土を体験

新本堂はバリアフリーで、運が良いと護摩行などの様子を観覧席のような場所から見ることができます。ここで行くべきは「祈りの回廊」です。クリスタル製の五輪塔が壁一面に並んで光る回廊をバリアフリーで巡ることができます。回廊はご本尊の地下を通り、さながら極楽体験です。新本堂を出ると、内仏殿はエレベーターで移動できます。休憩場所もあります。

江戸時代、永代寺にはしばしば成田山新勝寺のお不動様が出開帳を行い、江戸庶民の人気を集めていました。ところが永代寺の廃寺で開帳場所がなくなり、困った新勝寺が自身で整備したのが現在の姿で、正式には「成田山東京別院深川不動堂」です。また新勝寺は平将門を調伏するために朝廷が僧を使わした寺なので、今でも将門が祭神である神田明神の氏子、関係者は新勝寺や深川不動には参拝しません。古い下町の神田地区と、新しい下町の深川地区の意地の張り合いを思わせるエピソードです。

案内

不動堂を出たら、旧本堂前を横切り進みます。左手が駐車場、右手が護摩木授与所などです。稲荷が左手にあるところからスロープを下って境内を出ます。右へ行き、すぐに左。車いすの方は最初に上ったスロープを下り、左に進むと合流します。左側がテニス場で右は公園です。正面の横断歩道を渡って富岡八幡宮ですが、現在工事中です。2027年の鎮座400年に向けた工事で、完成の暁にはスロープができます。

今は右に行き、少し先の左側鳥居をくぐって境内に入ります。

おすすめごはんスポット MARCO

営 11時30分～15時（料理14時LO）、18時～23時（料理22時LO） 休 なし　車いすOK
03-5875-8908　https://tabelog.com/tokyo/A1313/A131303/13166393/
ちょっと奥まっていますが、おしゃれな店内でリーズナブルにヘルシーな洋食が味わえます。少し段差があるので、介助者のご同伴を。

見どころ 09
富岡八幡宮

「新興」の下町の精神的支柱

1627年に長盛法印という僧が、永代島と呼ばれた小島に創建したといわれます。八幡神は源氏の氏神で武神であるため、幕府の強い庇護を受けます。そもそも創建自体が、深川地区の開発を目論む幕府の意向に沿ったものでした。俗に言う「深川祭（深川八幡祭り）」はこの例大祭です。江戸の二大祭りは神田祭、山王祭で疑いありませんが、3つめを浅草神社の三社祭と争っています。四大祭りでいいようにも思いますが、隅田川東岸「開拓地」の荒い気性と意地が、今に伝わっています。

案内　本殿に上がるスロープの脇に本殿とつながる回廊があります。その下が通れますのでくぐっていくと、その先に大きな横綱力士碑があります。

見どころ 10
横綱力士碑

江戸相撲の中心地

富岡八幡宮ではしばしば勧進相撲が境内で行われました。材木業や運輸業など肉体労働者の多い隅田川東岸は男性中心の街で、両国もそうですが格闘技が好まれたのでしょうか。多くの相撲関係碑が並びます。実は江戸時代には番付順位としての「横綱」という地位はなく、歴代横綱という概念も明治になって相撲を盛り上げるために創作されたものです。現在も刻名式を行い、土俵入りが奉納されています。

案内　横綱力士碑の右手脇に細い道があり、花本社《はなのもとしゃ》方面との案内があります。進んで行くと池があり、赤い橋を渡った池の中の社が七渡《ななわたり》神社との名の弁天社です。車いすだとかなり細くて厳しい道です。もし難しければ本殿前の広場に上る石段前ま

花本社への道

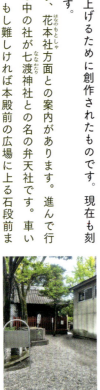

見どころ 11 弁天社周辺
見どころ 12 巨人力士碑
GOAL! 伊能忠敬像

で戻って、本殿側を背に左手の社務所方面に行くと、同じ場所に出ます。橋を渡る前の神社の長屋のような建物の一番手前が花本社で、芭蕉が祀られています。

八幡神以前の神様？

七渡神社は富岡八幡創建前からこの地にあったといいます。また関東大震災・東京大空襲の被害を受けなかった強運の地です。周辺には「木場木遣りの由来」碑、「木場の角乗」碑などがあります。

案内 本殿下に戻り、表参道をまっすぐ帰りましょう。左側に巨人力士碑、その先右側に伊能忠敬像などがあります。

必ず参拝して出かけた四千万歩の男

参道左側にある巨人力士碑は白い円柱で、歴代力士で身長が2m以上の力士の名と身長のラインが刻まれています。

参道右側入口近くには伊能忠敬の像があります。近隣に住んでいた忠敬は、測量旅行に出かける際必ず富岡八幡宮に参詣し無事を祈ったそうです。忠敬は49歳で隠居してから本格的に測量と天文を学び、55歳で蝦夷地測量に出発します。その後73歳で亡くなるまで全国を測量旅行し、その行程は4000万歩に及んだといいます。

案内 参道を進んで大きな鳥居をくぐりましょう。広い通りは永代通りです。右に向かい、最初の信号を向こうに渡ってさらに右に行きます。次の信号の先左側に東京メトロ門前仲町駅の入口エレベーターがあります。

七渡神社

木場木遣理の由来碑など

両《りょう》国《ごく》コース

01 百本杭解説板
02 回向院
03 両国橋
04 駒留橋など
05 赤穂義士休息の地など
06 与兵衛すし跡
07 一之橋
08 江島杉山神社
09 塩原太助炭屋跡
10 前原伊助宅跡
11 吉良邸表門跡
12 芥川龍之介文学碑
13 勝海舟生誕の地
14 伊藤宗印屋敷跡
15 葛飾北斎住居跡
両国国技館
やぶ久 両国江戸NOREN店
江戸東京博物館
JR両国駅
JR総武本線
JR総武快速線
国技館通り
都営両国駅
すみだ北斎美術館
ひがしん北斎ギャラリー
榛稲荷神社
この通りの両脇に横綱手形が並ぶ
両国2
京葉道路
緑1
お江戸両国亭
ライオン堂
ももんじや
両国小
両国公園
本所松坂町公園
吉良邸裏門跡
馬車通り
清澄通り
都営大江戸線
料亭井筒跡
一之橋北詰
塩原橋
一の橋通り
鍼灸あん摩博物館
杉山鍼按治療所
千歳公園
0
200m

忠臣蔵・北斎・海舟ゆかりの街 真っ平らですが橋では上り下り

川が運んだ土砂でできた低地である隅田川東岸は、その成り立ちからしてどこも真っ平らです。物流の拠点であり、多くの旗本らが住んだ街には江戸の歴史が詰まっています。吉良上野介の屋敷があり、勝海舟が生まれました。葛飾北斎もあたりで暮らしており、近くにすみだ北斎美術館もあります。

両国の歴史

江戸時代以前は海辺の低湿地で、居住に適した場所ではありませんでした。広い土地が使われていなかったため、幕府は大規模な蔵を造り、また江戸市街では火事の危険が大きかった木場を移転するなど、隅田川東岸は物流拠点として発展します。明暦の大火の死者をまとめて葬ったというのも土地が広かったからでしょう。東岸開発のために架けられた両国橋と様々なイベントが行われた回向院との相乗効果で賑わいは増します。大名屋敷は少なかった一方で旗本屋敷は多く、幕末に活躍した幕臣の家なども多くありました。

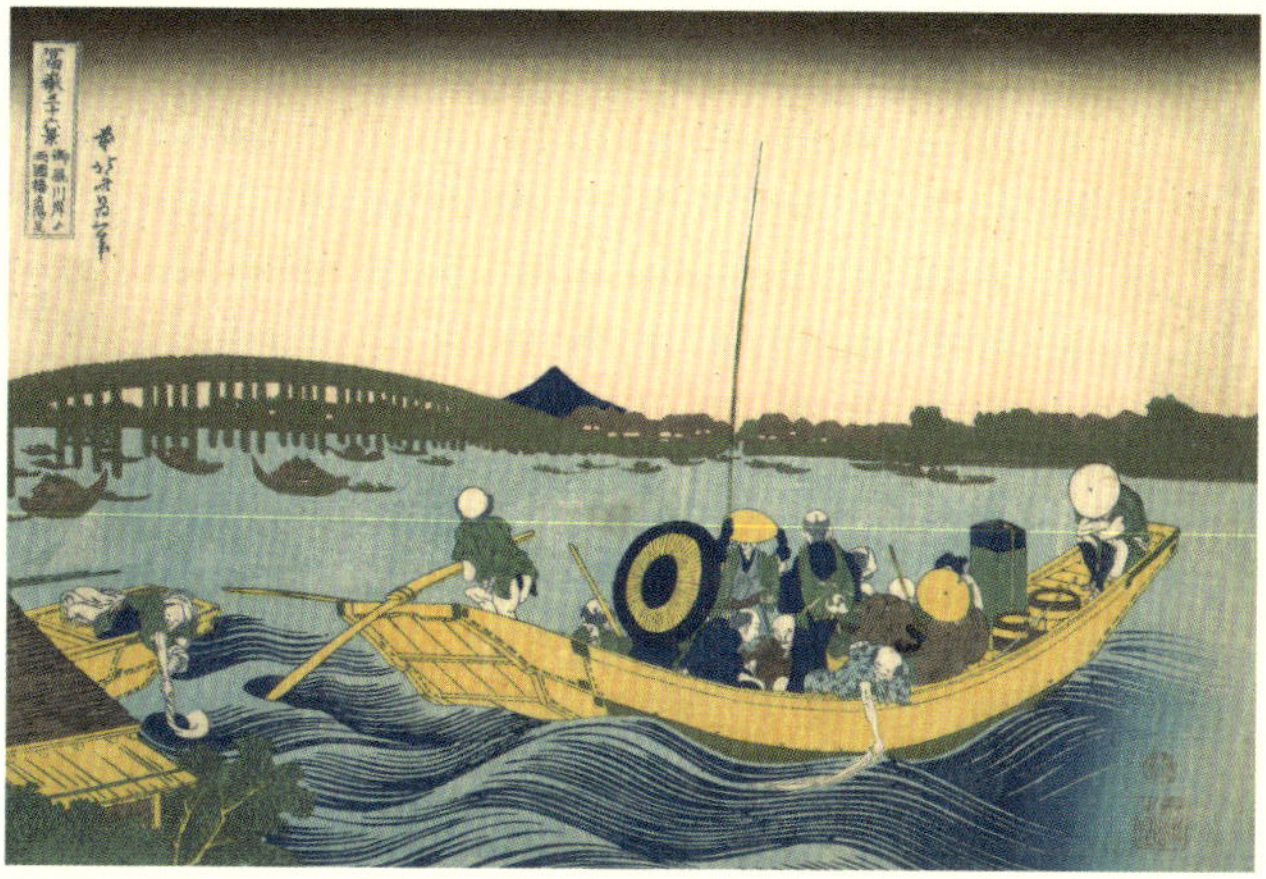

葛飾北斎「冨嶽三十六景 御厨川岸より両国橋夕陽見」

見どころ 01

百本杭

国技館最寄駅

JR総武線両国駅

ホームドア…×
エレベーター…1
多機能トイレ（改札内）…1

案内

ホーム秋葉原寄り（8号車付近）のエレベーターで改札階へ。改札を出た方向、線路沿いに進んで行きます。駅前にも多機能トイレがあります。横断歩道を1回渡り、中洲のような三角地帯からもう一度横断歩道を渡ります。目の前の建物の左角に、江戸時代の高札風の解説板があり、「百本杭跡」と書いてあります。墨田区の解説板はだいたいこのスタイルです。

お嬢吉三が夜鷹を突き落とした場所

江戸時代の隅田川には、増水時の川の流れを弱めるために川に何百もの杭が打たれていました。特に川が屈曲するこのあたりには数が多く、百本杭と呼ばれ有名でした。川流れや身投げ、心中者がよく引っかかったといいます。歌舞伎の「三人吉三巴白浪」でお嬢吉三が夜鷹から百両奪って突き落とし、足をかけて見得を切る杭は、この百本杭でしょう。

案内

三角地帯の場所まで戻ってJRの高架をくぐり、進みます。歩道には点々と横綱の土俵入り像があり、下に横綱の手形レリーフがあります。通りの奥の大きな門があるのが回向院です。

おすすめごはんスポット 日本ばしやぶ久　両国江戸NOREN店

やぶ久の江戸前天せいろ2145円

営11時～22時30分（土・日曜、祝日～21時30分）　休不定休、年始休など　車いすOK
03-5637-8209　https://www.jrtk.jp/edonoren/
両国駅改札を出て右の旧駅舎を利用した店舗街です。食事どころも多く、こちらでは日本橋の名店の味が楽しめます。

見どころ 02 回向院

あらゆる死者を弔う寺には罪人も

明暦の大火の焼死者10万人をこの場所に葬ったのが始まり。あらゆる死者を弔うため宗派を超えた寺で、江戸時代は不吉だった水死者や焼死者・刑死者など横死者・無縁仏も埋葬しました。さらには動物などすべての生あるものを供養するという考えから、江戸時代のペットの墓もあります。有名人では鼠小僧次郎吉、山東京伝らの墓があります。1781年以降、境内で勧進相撲が興行され、これが今日の大相撲の起源となり、1909年旧両国国技館が隣に建てられました。本堂内にはいすがあり、休憩できます。

案内

回向院の門に戻り左に行きます。広い通りは永代通り＝京葉道路です。少し先の左角には「ももんじや」の看板。江戸時代から続く獣肉料理、今風にいえばジビエ料理の店です。店先に猪などの剥製が吊り下げられています。鹿肉や熊肉の料理もあります。その先はもう隅田川で、大きな橋が両国橋です。橋の袂に記念物などがありますが、橋へ向かう坂が結構急です。

鼠小僧の墓。手前が削る用の墓石

ももんじや

03 見どころ 両国橋

04 見どころ 駒留橋

藤代町

片葉の葦

05 見どころ 赤穂義士休息の地

隅田川下流部最初の橋

明暦の大火の際に江戸市民が隅田川東岸に避難できなかったことから、千住大橋より下流には江戸の防備を優先して橋を架けない、という政策を変更して、１６５９年（異説あり）に架橋されました。以後、隅田川東岸の開発が進み、他にも永代橋や吾妻橋、新大橋が架橋されます。袂には宝井其角の弟子だったという赤穂浪士大高源吾の「日の恩やたちまちくだく厚氷」の句碑があります。百本杭や両国橋、また北斎の浮世絵などの解説、多機能トイレもあります。

案内 両国橋袂から戻ってももんじやの角を右へ行くと右側に高札風の史跡解説板が３つもあります。

付近の名所由来が集まる

駒留橋は両国橋北側にあった掘割にかかる橋で、その向こうが繁華街だった藤代町。掘割には同じ方向にしか葉を出さないという、本所七不思議の一つ「片葉の葦」が群生していました。

案内 建物をへだてた駐車場フェンスにも解説板３つ。

赤穂浪士が討ち入り後に休憩

四十七士は討ち入り後、両国橋を渡ろうとしましたが、吉良上野介実子が当主である上杉家援軍との衝突を避けるため、永代橋に回りました。考慮の間、ここで休憩しました。

石尊《しゃくそん》垢離《こり》場《ば》跡《あと》

江戸では行楽をかねて、地方の神様へお参りする旅が流行しました。富士講、お伊勢参り、江の島詣でなどとともに近場で手軽な大山参りが人気で、出発前に身を清める場がここでした。

両国広小路

両国橋は火災時の避難路であり、避難者が集まる広場を両側に確保しました。それが広小路で、仮設建築なら許可されたため、露店や芝居小屋が多くでき、賑わいました。

案内 そのまま進んで最初の路地を左へ入ります。横断にはご注意を。すると右手に「料亭井筒跡」との解説板がありますが、これは池波正太郎の時代小説「鬼平犯科帳」に出てくる架空の料亭です。墨田区と台東区はこれら架空の場所も、ある程度場所を特定して案内しています。その先に進むと今度は左側に「与兵衛すし跡」との案内。これは握り寿司発祥の地です。

見どころ 06

与兵衛すし跡

握り寿司は両国で誕生

握り寿司を考案したという小泉与兵衛の寿司屋がこのあたりにあったといいます。握り寿司の考案は文政年間（1818〜1831）ころといいますが、堺屋松五郎の松ヶ鮨が先だという説もあります。共に天保の改革では贅沢な寿司を提供したと投獄されました。与兵衛すしは1930年に廃業して今はありません。

案内 路地を抜けると、左の歩道にも「与兵衛鮨発祥の地」との解説板があります。

見どころ 07
一之橋

こちらは金属製で「墨田区教育委員会」の設置です。お役所は大変です。見ずとも良いので路地を出て右へ進みます。この通りは一の橋通りといい、最初の横断歩道を渡って道の反対側に行きましょう。やや急な上り坂になって「一之橋」です。袂に解説板があります。

運河だらけの隅田川東岸

低湿地だった隅田川東岸を住みやすくするため、幕府は多数の運河を掘って水運路にすると同時に排水を進めました。両国橋と同じ1659年に開かれた竪川には適宜橋が架けられ、人工の運河なので機械的に番号が振られました。当初は「一ツ目の橋」などと呼ばれており、中川手前の「六ツ目」までありました。赤穂浪士はここを渡って永代橋に向かいます。

案内　橋を直進すると、左に鳥居があり参道が続いています。江島杉山神社です。

見どころ 08
江島杉山神社

盲目の偉人、杉山検校を祀る

杉山和一は武士の子でしたが病気で失明し、鍼《はり》を学んで、

一之橋から見た竪川。水門の向こうが隅田川

足を延ばして　鍼灸あん摩博物館・杉山鍼按治療所

・**鍼灸あん摩博物館**　営10時～16時　休金曜　料無料　車いすOK
☎03-3634-1055　🌐https://sugiyamawaichi-kengyou.com/about/shinkyu-anma/
鍼灸・あん摩・漢方などの伝統医学の歴史的資料を展示しています。
・**杉山鍼按治療所**　営10時～17時　休不定休　☎博物館と同じ
🌐https://sugiyamawaichi-hari9.jp/

筒をツボに当てて、たたいて鍼を打つ管鍼法を発明します。五代将軍綱吉の治療をし、効果があったため褒美を聞かれ、「一つでいいから目が欲しい」と答えます。「わかった!」と答えた綱吉は、ここ「一ツ目」の袂に屋敷を与えました。和一は検校の位に上り、ここに世界初の視覚障害者の職業訓練校「鍼治講習所」を1680年ごろに作ります。江ノ島弁財天を深く信仰し、境内に弁天洞があります。車いすでもなんとか入れると思います。また境内に杉山和一記念館があり、「鍼灸あん摩博物館」と「杉山鍼按治療所」があります。

江島杉山神社の弁天岩屋

案内

本堂手前から左に抜ける道を出ます。段差があり狭いため、車いすの方は鳥居に戻って右、右と進むと同じところに出ます。出たら右。最初の十字路を左に行くとすぐに塩原橋ですが、ここも橋への傾斜がきついです。このあたりは地盤が低く、水面を大きく越えないといけない橋の部分は傾斜がきつくなります。手前の袂にかなりかすれていますが、都が設置した「歴史と文化の散歩道」の案内板があり、付近の江戸期の地図が掲載されています。ベンチもあります。橋を渡って最初の十字路を右。左側2つ目の路地の入口に「塩原太助炭屋跡」との解説板があります。

塩原橋の袂

見どころ 09

塩原太助炭屋跡

江戸時代の立志伝中の富豪

塩原太助は江戸時代の豪商で実在の人物です。海藻を使った炭団《たどん》を発明して財をなし、私財を投じて道路整備をするなど江戸時代から知られた人でしたが、落語家の三遊亭円朝が「塩原多助一代記」で取り上げてから、立身出世の鑑として有名になり、戦前は教科書にも載っていました。太助の危機を救った愛馬「青」との別れの場面が有名でした。

案内 路地を抜けた通りを左。この道は馬車通りといい、明治のころ乗合馬車が通っていました。少し行くと左に「前原伊助宅跡」の解説板があります。四十七士の一人ですね。

見どころ 10

前原伊助宅跡

吉良邸を見張った場所

前原伊助は四十七士の一人で、米屋と称してここに住み、屋敷の動向を探ったといいます。

案内 すぐ前の信号交差点を右に行くと、右側に吉良邸裏門跡の解説板があります。吉良邸はこの解説板裏方向に細長く続いていました。次の角を右です。するとまもなく、左側に「本所松坂町公園」があります。公園はなまこ壁で囲まれ、入口は1つですが、残念ながらかなりの段差で車いすでは入れません。ぜひ改修してもらいたいものです。中には吉良上野介の像や吉良邸見取り図、四十七士の討ち入りで命を落とした吉良家家臣の名前など色々と展示があります。1934年に地元の有志が「吉良の首洗い井戸」を中心に土地を購入して東京市に寄贈し、翌1935年に公園となりました。公園前を進んで突き当たり

前原伊助宅跡

吉良邸裏門跡

塩原太助炭屋跡

を右です。右側のビルの前に「吉良邸表門跡」の解説板があります。

見どころ
11 吉良邸跡

町人地にされ跡形ない吉良邸

吉良上野介が赤穂義士に討たれた際の邸宅の広さは約8400㎡（2550坪）もありました。しかし吉良氏は高家《こうけ》という身分で大名ではなかったので、大名に比べると屋敷はかなり狭いです。討ち入り後、屋敷は幕府に没収され、その後一帯は町人地になってしまいました。本所松坂町とはその際にできた町名です。

案内 来た道を戻ると右側は学校です。道を渡り学校沿いに歩きます。すると敷地の角に芥川龍之介文学碑があります。この両国小学校の卒業生なのですね。

見どころ
12 芥川龍之介文学碑

両国で育った大作家

芥川龍之介は1892年、築地で生まれました。生後7か月で本所区小泉町（両国3丁目）に住んでいた母の兄、芥川道章に引き取られ、のちに養子となります。1910年に新宿に転居するまで両国に住みます。龍之介は、回向院隣の江東尋常小学校附属幼稚園に入園し、翌年同小（現両国小学校）に入学しています。旧制中学は近くの現・両国高校に通いました。

案内 角を回り込んで進みます。次の角の右手に公園がありますので入りましょう。右奥に展示物があります。勝海舟生誕の地の記念碑などです。

見どころ 13

勝海舟生誕の地

父の実家で生まれた勝海舟

勝海舟は1823年、本所亀沢町（両国4丁目）で旗本小普請組勝小吉、信の間に生まれます。ここは小吉の実家の男谷家があった場所で、7歳まで過ごしました。勝の事績などが壁に詳細に展示されています。公園にはトイレがありベンチも多数あります。

案内 展示物側の公園出口を出て左に行きます。公園の門柱上に咸臨丸が飾られています。すぐの角を左です。広い京葉道路に出たら右。寄席の「お江戸両国亭」前に将棋名人の「伊藤宗印屋敷跡」の解説板があります。

見どころ 14

伊藤宗印屋敷跡

明治期の将棋名人の屋敷跡

昭和戦前まで将棋名人は世襲制で、明治期の名人、伊藤宗印の屋敷がここにありました。

案内 そのまま進むと、角にビッグサイズの服のライオン堂がありますので、ここで左に横断歩道を渡ります。そのまま進んで最初の路地を左に入ります。すぐ右にやや薄暗い榛《はんのき》稲荷神社があります。ここは引越し魔だった葛飾北斎の住居があったことが確認できる唯一の場所です。

足を延ばして すみだ北斎美術館

営9時30分～17時30分　休月曜（月曜祝日の場合は火曜）、年末年始等　車いすOK
料400円　https://hokusai-museum.jp/

葛飾北斎は北斎通りにあった南割下水に面したどこかで生まれたといわれていますが、正確な場所はわかっていません。墨田区は区内生誕の偉人を観光に生かそうと緑町公園の一角にこの美術館を開館させました。

GOAL!

見どころ 15

葛飾北斎住居跡

生涯90回転居した葛飾北斎

このあたりにあった「榛《けんのき》馬場」に祀られていた稲荷が榛稲荷神社として今も残ります。葛飾北斎が一時ここの一角に住んでいました。北斎は生涯で90回以上も転居を繰り返しましたが、この場所は「北斎仮宅写生」という絵に描かれ、場所がはっきりしている唯一の住居です。住んでいたのは1840年ごろで、80歳を超えていました。

案内

広い通りに戻って左へ。左側に東京東信用金庫の本部があります。この建物の周囲は北斎の絵の展示、解説で埋められ、「ひがしん北斎ギャラリー」と称されています。かなりの充実ぶりです。北斎さんの横に座れます。

広い通りへ戻り、JRのガード方面に進みましょう。ガードをくぐると左は現在改修工事で長期休館中の江戸東京博物館です。都営地下鉄大江戸線両国駅の入口がありますが、ここにはエレベーターがないので、そのまま進むとエレベーターが2つも並んだ地下鉄駅入口があります。くれぐれもこのあたりからJR両国駅には向かわないでください。とても遠いです。東口は割と近いのですがこちらはエスカレーターすらありません。

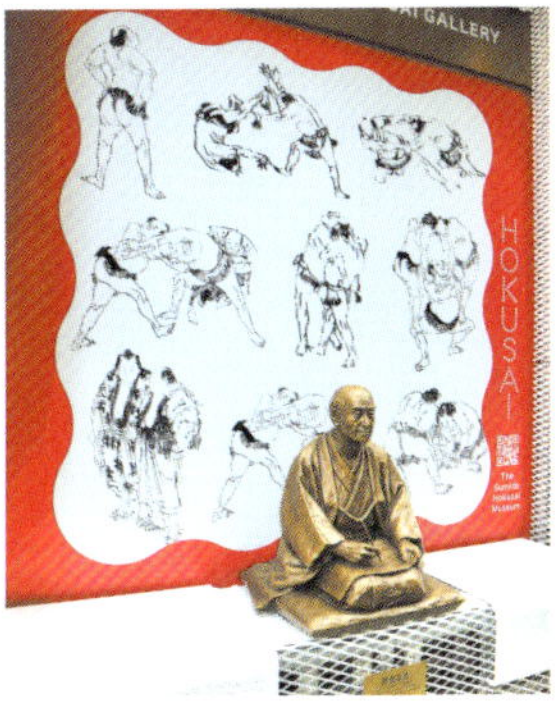

ひがしん横の葛飾北斎像。隣に座って記念撮影も

足を延ばして　江戸東京博物館

https://www.edo-tokyo-museum.or.jp/

残念ながら2025年度まで大規模改修工事のため休館中です。再オープンしたらぜひ訪れてください。

両国

新《しん》宿《じゅく》 コース

巨大繁華街にも歴史あり 人混みさえなければ施設は充実

都庁所在地、日本最大の繁華街、新宿です。こんなところで歴史散策できるの？　と思う方もいらっしゃるでしょうが、もちろん新宿にも歴史はあり、その発展を追える点が面白みでもあります。長大な地下街もうまく使えば便利です。また広大な新宿御苑は江戸時代からのルーツを持ち、近年は外国人にも人気でバリアフリーも充実です。

新宿の歴史

新宿の歴史は江戸時代に始まります。徳川家康が江戸に入った際、鎌倉街道と甲州街道が交差する重要地点に、内藤家が江戸城西側防備のために屋敷を与えられました。その後、江戸の水不足解消を目的に、１６５３年に内藤家の屋敷北側に玉川上水が開かれます。１６９８年には、浅草の町人高松喜兵衛らが、日本橋から２里の場所に新しい宿場「内藤新宿」を作ります。表向きの理由は甲州街道最初の宿場が遠いため、でしたが、実は江戸日帰り圏に歓楽街を作るのが目的でした。要は売春街です。狙い通り内藤新宿は大繁盛しますが、明治維新後に内藤家屋敷跡が皇室用地となり、「汚らわしい」売春宿は移転させられ、街の賑わいが北西に移ります。また１８８５年に新宿駅が開業すると駅との間の地域、今の新宿三丁目あたりも徐々に繁華街となりました。関東大震災後には多くの鉄道ターミナルができ、淀橋浄水場が廃止されて西口が高層ビル街となって今につながります。

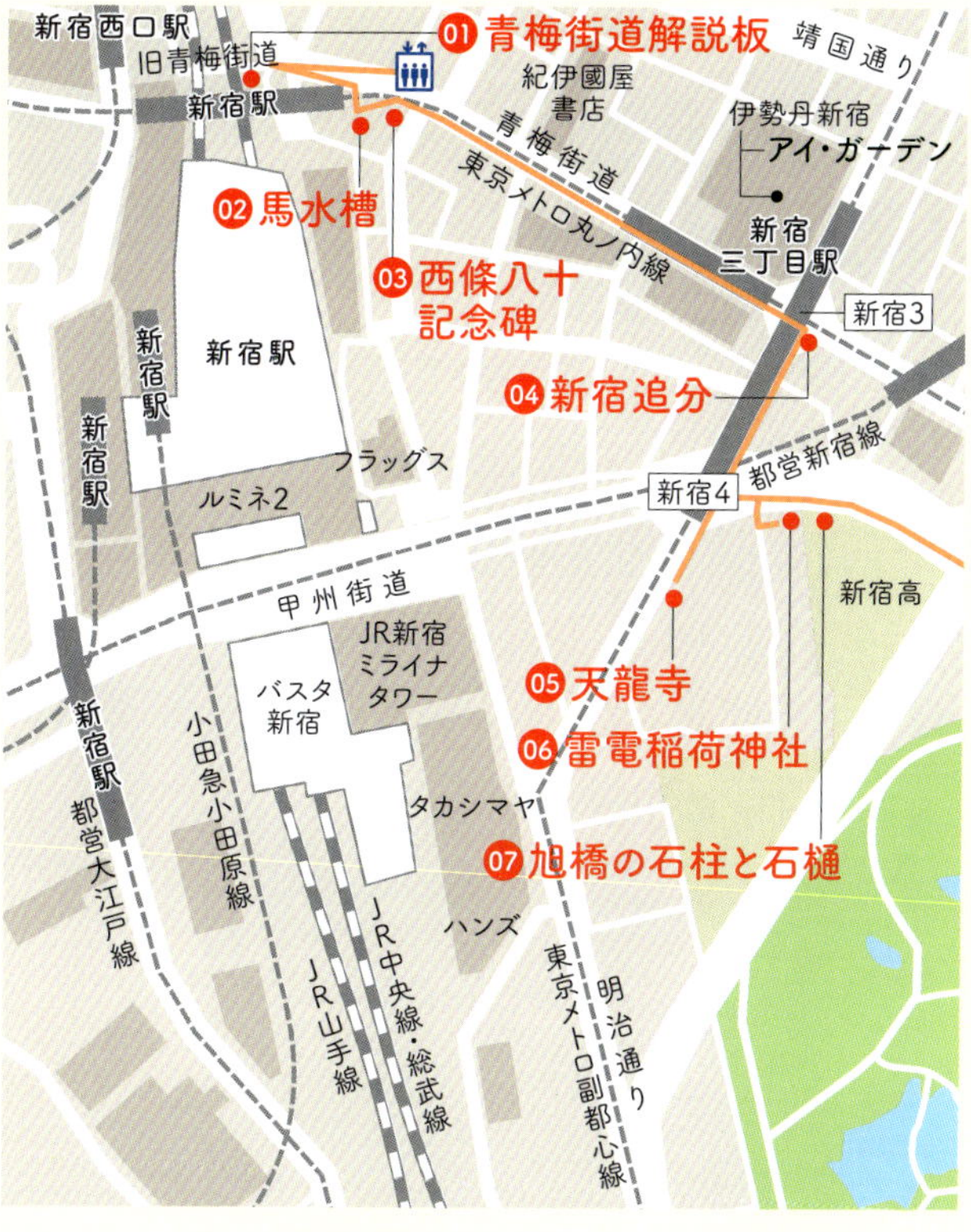

見どころ 01 青梅街道

新宿駅

◎わかりにくいエレベーター

東京メトロ丸ノ内線新宿駅

半蔵門線

ホームドア…×

エレベーター…1

多機能トイレ（改札外）…1

案内 丸ノ内線ホームは1つで、エレベーターは池袋寄り一番端、ホーム脇の細い通路から入るとてもわかりにくいところにあります。上ると東改札、東口の地下です。改札は左右両側にあり、どちら側を出てもいいのですが、出たらエレベーターの裏に回り込み、メトロプロムナード左側のB12a出口に向かってください。奥のAエレベーターで地上に出ます。前の通りは青梅街道です。右に進んで横断歩道を対角線に渡ると、JR線下をくぐる歩行者用トンネルへのスロープがあり、手前に青梅街道の案内板があります。

地下道として残った青梅街道

この地下道が青梅街道の名残です。新宿駅ができたばかりのころは踏切でしたが、列車が増えると北側にガードが設けられ、車両交通はそちらに移ります。しかし古くからの通行路をなくすことはできず、歩道橋から地下道に変わって今も通れるようになっています。入口の解説板は詳細で、トンネル内にも宿場の名が記されています。

日本初の鉄道は1872年に開通し急速に普及しますが、旧江戸の中心部は人家が密集して鉄道を敷設できず、長い間上野—新橋間はつながりませんでした。このため軍事的な必要にも駆られた明治政府は、東京の西郊、赤羽—品川間を鉄道でつなぐこととし、1885年に完成します。この際、中山道・甲州街道・大山街道と交わる場所に板橋駅・新宿駅・渋谷駅を作ります。これは東京駅より30年近く前のことです。

案内 東口広場の方に戻ります。新宿駅改修工事のため、車が入れない歩行者広場になりました。

駅ビル「ルミネエスト」方向に進み、地下への入口を右に見て、円形の換気塔の方に行きます。換気塔前に金色のライオンと赤っぽい石造物が並んでいます。石造物は「馬水槽」といいます。

見どころ 02
馬水槽

馬も飲んだ水飲み場

水槽といいながら実は水飲み場で、一つで馬用、犬猫用、人間用とあります。明治の末にロンドン市から寄贈され、丸の内の東京市役所前に置かれて馬車の馬などが飲みました。その後移転を繰り返しますが、1964年に現在地に落ちつきます。今やヨーロッパでも珍しい貴重なものだそうです。

案内 馬水槽から左に進み、別の地下への入口を過ぎると右側植え込みの中に西條八十の詩碑があります。

見どころ 03
西條八十記念碑

新宿生まれ新宿育ちの西條八十

「青い山脈」「東京音頭」「王将」などで知られる作詞家の西條は、新宿生まれで早稲田中学・早稲田大学を出た新宿っ子です。郷土の偉人を記念し、生存中の1966年に設置されました。

案内 そのまま新宿三丁目方面、伊勢丹の方に向かいましょう。天候によっては地下の方が楽でしょう。その場合、地上に上がってきたエレベーターに戻って地下に行き、メトロプロムナードを伊勢丹方面に向かいます。伊勢丹のエスカレーター出入口を過ぎた左側に、地上まで出るエレベーターがありますので、そこから新宿三丁目交差点に行ってください。交差点は向

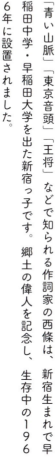

かって右前の角に行ってください。新宿追分の標柱と路面に地図が描かれています。

見どころ 04 新宿追分

見どころ 05 天龍寺

見どころ 06 雷電稲荷神社

甲州街道・青梅街道分岐点

甲州街道と青梅街道の分岐点です。都心側からここまでが江戸時代の内藤新宿でした。今は伊勢丹やマルイが並ぶ新宿東口の中心地となりました。

案内 三丁目交差点からは右に曲がって明治通りを進みます。甲州街道を渡って少し先の左側に天龍寺があります。

遊郭客追い出しの鐘

山門は普通閉まっていますので手前の車用入口から入ってください。江戸の三大名鐘と称される時の鐘が残っています。この鐘の音を聞いて遊郭の客は帰り支度を始めたため「追い出しの鐘」といわれました。寺は遠江《とおとうみ》、今の静岡県にありましたが、江戸時代に牛込に移転、1683年に現在地に移りました。

案内 甲州街道の交差点に戻り右に行きます。すぐ右に小さな「雷電稲荷神社」があります。

源義家も新宿を通っていた

源義家が奥州征伐の途中雷雨に遭いこの社の前で休んでいると、白狐が現れ義家の前で3回頭を下げ、雷雨がたちまち止んだことから雷電神社と呼ばれるようになりました。このあと紹介しますが、

足を延ばして　アイ・ガーデン

伊勢丹屋上に2006年にオープンした庭園です。緑地は1931㎡。国土交通省の「生物多様性保全につながる企業のみどり100選」に選ばれています。築山があり樹木や花々の多い「春の庭」。芝生が広がる「夏の庭」。紅葉などがある「秋の庭」に分かれ、四季折々楽しめます。ベンチ・テーブルもあり飲食可です。多機能トイレは1階下の7階にあります。車いすOK。

鎌倉街道が近くを通っており、まんざら単なる伝説でもなさそうです。戦前に花園神社に合祀されましたが、いまだに社殿が残っています。そのため整備されておらず、やや段差もあり路面はガタガタです。

案内 神社の裏は新宿高校ですが、歩道から見える敷地内に石造の遺物があります。

見どころ 07

旭橋の石柱と石樋

玉川上水関連の石造物

玉川上水は、今歩いてきた道すじを通っていました。上水が周囲の雨水や汚水で汚されるといけないので、江戸時代から下水路が整備され、その水を今の新宿御苑内の川に排水するため、石の橋で玉川上水を跨いでいました。その石樋と標柱です。

案内 新宿高校脇を過ぎ、明治通りのバイパスを越えるともう目の前が新宿御苑の新宿門です。

見どころ 08

新宿御苑

広大で整備の行き届いた国民公園

新宿御苑は江戸時代には高遠藩内藤家の下屋敷でした。明治になり農業、林業の試験場から皇室用地となり、敷地を南に拡充して1906年に新宿御苑となりました。広さ58・3ha、周囲3・5kmもあります。大名屋敷の面影は、大木戸門近くに残る庭園の池、玉藻池ぐらいです。他の池は、明治以降、天龍寺から流れる渋谷川を何か所かでせき止め造られたものです。今は環境省所管の国民公園で、プラタナス並木が有名なフランス風整形式庭園、芝生が広いイギリス風風景式庭園、武蔵野の自然を復元した母と子の森など様々な庭園があり、手入れも行き届いています。桜で有名ですが、ここの特徴は様々な品種が植えてあることで、2月ごろから5月ごろまで長く楽しめます。また菊栽培の技術は日本一で、秋の菊花展も見ものです。桜の時

期は入場予約制となります。近年は外国人観光客に大人気でいつも混雑しています。散策路はほぼバリアフリーで各所に多機能トイレ・休憩所・ベンチがあります。開園9時～16時、17時半、18時半など季節で変動。月曜休（月曜休日の場合は火曜休）。一般500円 https://fng.or.jp/shinjuku/

案内 新宿門から入った道を進むと、左側に「旧洋館御休所」があります。

見どころ 09

旧洋館御休所

皇族方の休憩施設が残る

1896年に建てられた皇族方の休憩所で、重要文化財に指定されています。2024年現在修復中でなおかつ残念なことに内部は車いすでは見学できません。

案内 御休所向かいには新宿御苑のシンボルツリー、明治初期からあるユリノキの大木があります。その先、左側のスロープを上ると丘に埋もれたような温室があります。

見どころ 10

温室

ランの栽培で知られる

新宿御苑には日本最古級の温室が1875年に造られ、現在3代目です。新しい施設なので、エントランスまで坂道がありますが、内部はバリアフリールートがあり、多機能トイレもあります。ガラスドームの内部には滝があり、バナナがなり、熱帯そのもの。皇室の行事などに飾るランの栽培、保護を進めています。

おすすめごはんスポット レストランゆりのき

営 11時～16時、休憩所としては閉園まで（季節による） 車いすOK

https://fng.or.jp/shinjuku/place/rest/yurinoki/

新宿門を入って直進し、2つ目の角を右のほうに行くと、レストランゆりのきがあります。苑内の食事どころは近年すべてリニューアルされ、上質になりました。その分お値段も上がっていますが休日は大混雑です。ゆりのきで営業する「つぶら乃」は和食の店です。

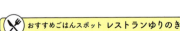

見どころ 11

新宿御苑ミュージアム

案内 温室エントランスに戻って道に下りると右側に最近できた「新宿御苑ミュージアム」があります。

400年の歴史が最新技術で

2022年にできたばかりです。木の雰囲気が優しく、休憩いすや多機能トイレも完備。最新デジタル技術を駆使した映像で、新宿御苑の歴史を紹介してくれます。

案内 ミュージアムを出たら温室脇の道を右に行きます。左に巨大なタイサンボクがあります。さらに進むと大木戸門の出口です。手前に多機能トイレもあります。ゲートを出て、旧門衛所などを出ると、右は新宿区の区民センターです。旧門衛所は皇室の御苑だった1927年建設の建物です。新宿御苑駐車場入口を横切ってセンターの手前角を見ると「内藤新宿開設三百年記念碑」があります。

見どころ 12

内藤新宿開設三百年記念碑

新宿生誕300年記念碑

1698年の開設から300年を記念して置かれました。碑のすぐ先の甲州街道から、先ほどの追分まで、1kmほどの間に宿場が作られました。現在の「新宿」よりかなり東です。新宿の歴史は、中心街がどんどん西に移動していく歴史です。

案内 記念碑の先、センター敷地内のトイレの脇、駐輪場に入っていきます。この先自転車が通りますのでご注意を。左側に人工池があります。これはこの辺りを流れていた玉川上水を偲ぶ

足を延ばして 玉川上水・内藤新宿分水散歩道

2012年に完成した玉川上水跡地の上水の流れを偲ぶ緑道です。かつてはここを玉川上水が流れていました。緑道は旧門衛所手前を左に行き、新宿門まで続いています。途中新宿御苑駅に抜けられる出口があります。
新宿御苑の開園時間と同じですが無料です。

ー ものです。右側の白いフェンスに「玉川上水」の解説板があります。

見どころ 13 玉川上水

見どころ 14 四谷大木戸跡

水道碑記

江戸100万人の飲み水を支えた

玉川上水は江戸の水不足解消のために1653年に多摩川の羽村取水堰から43㎞もの水路を切り開き、ほぼ甲州街道に沿って四谷門から江戸城内に導かれていました。この先四谷三丁目の四谷大木戸からは暗渠《あんきょ》でした。

案内 さらに進んでいくと、敷地内に2つ記念物があります。

江戸の境界の関所跡

甲州街道に設けられた関所でここまでが江戸でした。現在の四谷4丁目交差点あたりにあり、江戸時代には石垣、石畳、木戸がありましたが、1876年に撤去されました。現在は四谷区民センター脇に碑が残ります。碑の石材は玉川上水の水道管（石樋）を使っています。題字は徳川宗家十六代家達《いえさと》です。玉川上水はこのあたりから暗渠になり、碑の後ろの区民センターの敷地に水番所が置かれて水質の管理をしていました。センター建物内には今も東京都水道局の事務所があります。

案内 水道碑記の前は甲州街道です。ここを新宿方面に戻っていきます。このあたりがかつての内藤新宿の中心地で、「新宿」発祥地です。新宿御苑駅前交差点で右側に渡り、また進みましょう。メトロの出入口のすぐ先右側に小さな秋葉神社があります。境内右

おすすめごはんスポット オリオール

営 11時30分～14時30分、17時30分～22時（休日は21時30分） 休 月・水・木曜昼

車いすOK 03-3355-8447 https://www.aureole.ne.jp/

御苑の緑を目の前に望む地中海料理の店。大木戸門から左に行った道路沿いです。土日は予約が無難です。お店はバリアフリー対応ですが、トイレは要介助。営業時間、店休日に変動があるので事前にホームページのGoogleマイビジネスでご確認を。

GOAL!

見どころ15 太宗寺

手前に、宿場時代の石造物があります。隣は四谷消防署の新宿御苑出張所ですが、秋葉神社は火伏せの神様です。このコンビはいつから続いているのでしょう。江戸時代の火の見櫓跡に消防署がある、ということもありますので結構古くからかもしれません。さらに進んで新宿一丁目西交差点を渡ります。この左右の道は鎌倉街道です。源義家が通ったのはこの道かもしれません。また徳川家康は江戸城に入る際には府中方面からやってきており、このあたりを通ったともいわれています。渡って次の右の路地を入ると奥に寺があります。太宗寺です。

ここにも六地蔵と閻魔様

1596年創建で、御苑の主の内藤家の墓があります。清澄白河の霊巌寺と同様、1712年建立の江戸六地蔵の一つの巨大な銅像があります。六地蔵は江戸に入る街道を守るように置かれました。地蔵の隣のお堂には巨大な1814年安置の閻魔像もありますが、残念ながら階段があり中は見られません。巨大な閻魔像、奪衣婆《だつえば》像がものすごい形相で睨んでいます。夏目漱石は早稲田で生まれますがすぐに養子に出され、生後まもなくと、4歳から6歳ごろまで太宗寺近辺で暮らします。「道草」にお地蔵様の肩に登って遊んだと書かれています。

案内

寺を出て参道を戻り、新宿一丁目西交差点に戻ります。東京メトロ丸ノ内線新宿御苑前駅から帰りますが、新宿方面に行く方はここで甲州街道反対側に渡ります。渡って鎌倉街道の道を御苑側に進んでいくと右側に駅へのエレベーターがあります。銀座・池袋方面に行く方は甲州街道沿いに戻ると、角のカフェの先、左側に駅行きのエレベーターがあります。来る途中にチェックしておいてください。

おすすめごはんスポット &sandwich.

営 9時～15時（土曜・休日は～16時） 休 月・火曜

☎ 03-6709-9455 https://www.andsandwich.tokyo/

野菜たっぷりふかふかパンのサンドイッチでテイクアウトも可。テラス席は車いすOKですが、事前にご一報を。トイレは要介助です。

王《おう》子《じ》 コース

王子桜中
JR京浜東北線
名主の滝公園
09 王子稲荷
王子第二小
JR京浜東北線
JR東北本線
東京メトロ南北線
権現坂ポケットパーク
北とぴあ
BISTROT JUN
渋沢逸品館
三本杉橋
王子子育地蔵尊
関神社
順天高
08 王子神社
北区役所
王子駅
お札と切手の博物館
国立印刷局王子工場
明治通り
洋紙発祥の碑
王子駅前駅
王子駅
アスカルゴ
音無橋
07 音無親水公園
06 桜賦の碑
05 飛鳥山碑
04 飛鳥山公園
展望ひろば
栄町駅
03 旧渋沢庭園
赤煉瓦酒造工場
飛鳥山駅
紙の博物館
北区飛鳥山博物館
渋沢史料館
飛鳥山おみやげ館
明治通り
滝野川第三小
03 青淵文庫
02 七社神社
桜丘高
03 晩香廬
滝野川一丁目駅
都電荒川線
本郷通り
01 西ヶ原一里塚
0
200m
西ヶ原駅

新札の顔・渋沢栄一ゆかりの地
江戸の行楽地で渓谷散策も

JR王子駅近くの飛鳥山公園周辺は江戸時代からの行楽地で、今も桜の名所です。お花見時期に訪れてください。新1万円札の顔、渋沢栄一の邸宅跡があり、ゆかりの場所も多く人気急上昇中です。王子駅からは急坂の上ですが、今回のミソは、お隣の西ケ原駅からの平坦ルートで行く点です。江戸庶民が楽しんだ古社を訪れるとともに、都心の渓谷も段差ゼロで楽しめます。

王子の歴史　王子は、石神井川とJR東北本線などが交差する場所にあります。JR線はかつての海岸線に沿った崖沿いに通っています。石神井川は元々、崖の内側を南に流れていましたが、数千年前とも言われる時期に崖を突き破って東に流れるようになり、深い谷をつくりました。こうして台地のへりと川が交わる交通の要衝となり、鎌倉時代の終わりごろに王子神社ができ、地名の元となります。江戸時代になって将軍が江戸から日光に行く日光御成道《おなりみち》（岩槻街道）が整備されるとその渡河点の宿場として栄え、さらに徳川吉宗が飛鳥山に公園を整備すると江戸市民の行楽地として賑わいました。明治になると石神井川の水力を利用した製紙業が起こり、会社を作った渋沢栄一の邸宅もできます。その後、紡績工場、たばこ工場、軍の火薬工場などが続々でき、工場の街として栄えます。

乗客少なく、地上もシンプル
東京メトロ南北線西ケ原駅

ホームドア…○　エレベーター…1　多機能トイレ（改札内）…1

案内　赤羽岩淵駅寄り、2号車付近で降りてエレベーターに乗ります。改札を出て左奥に地上方面エレベーターがあります。駅は空いており、地上にも何もありません。降りて右に向かうとお隣は国立印刷局の東京工場で、日本銀行券、つまりお札を印刷・製造しています。新1万円札の顔、渋沢栄一の旧邸はすぐ近くで、何やら因縁を感じますが、実はまんざら偶然ではありません。その説明は後ほど。少し歩いて右側に滝野川警察署があり、その先で左の道路が大きな木で挟まれています。ここが西ヶ原一里塚です。

見どころ 01 西ヶ原一里塚

江戸時代の一里塚、渋沢が保存に一役

将軍が日光に参詣する街道、日光御成道（岩槻街道）の日本橋から2つ目の一里塚です。江戸時代に江戸から一里ごとに塚が築かれたのは有名です。本来、街道を挟んで9m四方もの塚が2つ築かれていましたが、現在では道路拡幅などでほとんど失われています。ここは塚が両側とも残っていて大変貴重で、国指定史跡になっています。実は道路拡幅で壊されそうになった際、近くに住む渋沢も加わって保存運動を行い、道路を迂回させて残しました。

案内　一里塚手前右の道に入り、目の前の七社神社の大きな鳥居をくぐります。道の奥に七社神社があります。

見どころ 02 七社神社

渋沢栄一ゆかりの神社

七柱の神様を祀ったのでこの名となっています。元々この場所には一本杉神明宮という神社が

あり、そこに、江戸時代以前から近くの寺にあった七社神社が神仏分離令のため移転してきました。

本殿の正面は石段ですが左右にスロープがあります。また境内にベンチもあります。神明宮の一本杉は大変な巨木でしたが明治の末に枯れ、今は社殿の後ろに3mほどの高さで切られた切り株が残っています。近くに住んでいた渋沢栄一も信仰しており、旧社務所は渋沢の寄進で社号標は渋沢が書いています。また渋沢建立の記念碑もあります。

案内 境内から振り返ると「渋沢史料館はこちら」と矢印が書かれた看板があります。その示す路地に入りましょう。抜けていくと向かいが駐車場になっている道に出ます。左に進み駐車場の入口から入り、車に注意しながら中を突っ切っていきましょう。反対側に出口スロープがあり、S字の道を出たところが渋沢邸のあった「旧渋沢庭園」です。夜間は入れません。庭園内は大部分が砂利道なので、車いすは少し通行しにくいです。また中にある建物「晩香盧」「青淵文庫」に入るには、このあとで行く渋沢史料館で入場券を買う必要があります。

見どころ 03 旧渋沢庭園

邸宅は消失も重文建築が2つも残る

渋沢は1878年にこの地に別荘を作り、その後1901年から亡くなる1931年までは本宅として住みました。主な建物は空襲で焼け、喜寿記念に建てられた「晩香盧《ばんこうろ》」と傘寿記念に

旧渋沢庭園

営9時～16時30分（3月～11月）、16時（12月～2月） 休月曜（月曜祝日の場合火曜休）、祝日直後の平日、年末年始 料入場無料 車いすOK ☎03-3910-0005
https://www.asukayama.jp/stroll/st-03.html
「晩香盧」「青淵文庫」は別途入場料あり、いずれもバリアフリー不対応（「青淵文庫」のみ車いすは事前に要相談）。

建てられた「青淵文庫」は、やや離れていたため残り、今は共に重要文化財となっています。

「晩香盧」はバンガロー風の建物で、名前はそのシャレだとも言いますが、「晩香」は渋沢の父、元助の号でもあります。残念ながら車いすでは入れませんが、入口前までは近寄れます。

「青淵文庫」は文字通り書斎風の建物で、「青淵」は渋沢自身の号です。中に入るとステンドグラスが美しいです。渋沢に関する展示などがあります。

かつての敷地は現在の飛鳥山公園の一部に広がっており豪邸といえば豪邸ですが、岩崎弥太郎ら明治の大実業家たちの桁違いの諸豪邸と比べると小さく、渋沢の人柄が表れています。

敷地に隣り合って「渋沢×北区 飛鳥山おみやげ館」（11時～ 閉館、休館は庭園と同じ）があり、様々な渋沢グッズを販売しています。

渋沢がここに居を構えたのは、山の下に自身が経営する日本初の製紙会社「抄紙会社」があったからです。渋沢は数百の企業の創立・起業を支援しましたが、実は自身が経営する会社は極めて少なく、この会社はその代表です。現在の王子製紙や日本製紙の源流です。渋沢が工場を設立したのは1875年ですが、翌年に国の印刷局抄紙部が隣接して創業を始めます。今も国立印刷局の王子工場があります。この印刷局の戦後の拡張工場が駅を降りてすぐにあった滝野川工場です。

まんざら偶然ではない、と申し上げたのにはこんな関係がありました。

案内 渋沢庭園を出て右に行くとすぐに左側に「渋沢史料館」があります。その隣に

は「北区飛鳥山博物館」。さらにその先に「紙の博物館」と、博物館施設が3つも並んでいます。

案内

渋沢史料館前の芝地の中を通っていきましょう。渋沢邸の本館はこの芝地付近にありました。車いすで通りにくければ、やや遠回りですが、右側の舗装された歩道を迂回し、レストランの前を通っていきます。子供用の遊具が左右にたくさん並んでいます。ここからしばらく、飛鳥山公園となります。

見どころ 04 飛鳥山公園

吉宗が作った日本最古級の公園

1720年、八代将軍徳川吉宗が桜の木を植えて、江戸市民の憩いの場にしたのが始まりです。特に公園制度があったわけではありませんが、ある意味日本最古級の公園と言っていいでしょう。なぜ吉宗がここに公園を作ったかと

足を延ばして　飛鳥山3つの博物館

3巻共通券800円（小中高320円）　いずれもバリアフリー、多機能トイレ、車いす貸し出しあり

・**渋沢史料館**　料300円（小中高100円）　営10時～17時　休休館日は開館カレンダーを参照　☎03-3910-0005　https://www.shibusawa.or.jp/museum

近代日本経済の父と言われる渋沢栄一の業績を、経済面だけでなく、社会事業・国際親善も含めて展示する渋沢栄一記念財団の博物館。渋沢の肖像が新1万円札に採用されたことに合わせ、展示を大幅リニューアル。

・**北区飛鳥山博物館**　営10時～17時　休月曜（月曜祝日の場合は火曜休）、年末年始等　料300円（65歳以上150円、小中高100円）　☎03-3916-1133　https://www.city.kita.tokyo.jp/hakubutsukan

古代からの北区域の歴史がよくわかる。中里貝塚の標本展示などは圧巻。館内に軽食喫茶あり。

・**紙の博物館**　営10時～17時　休月曜（月曜祝日の場合は火曜休）、年末年始、臨時休館日　料400円（小中高200円）　☎03-3916-2320　https://papermuseum.jp/ja/

日本の近代製紙業発祥の地である王子に、日本の製紙業界が協力して運営する博物館。

いうと、この後に行く王子神社が元々熊野の神を祀っていたからです。熊野には九十九王子と呼ばれる熊野信仰の拠点神社が各地にあり、王子神社もその一つから分霊されています。熊野は吉宗の出身地の紀伊国であり、その縁でこの地を大事にしました。

明治になって1873年に日本最初の法律上の公園が5か所指定された中の一つになります。他の4か所（上野公園・芝公園・浅草公園・深川公園）が全て寺院の境内を取り上げて指定したのに対し、ここだけは元々公園でした。

案内

子供用遊具の間を抜けていくと木造デッキの展望ひろばがあります。ここに立つと飛鳥山の高さがわかります。向こう側は東京低地で縄文時代ごろは海です。そのころの海岸線あたりに今は新幹線が通り、いつも鉄道好きの子供たちが通過を待っています。デッキ側にはテーブルといすがあります。手前には多機能トイレがあります。

デッキを過ぎて遊具のあるエリアを出たら左です。次の遊歩道を右に曲がっていくと東屋の下に「飛鳥山碑」があります。

見どころ

05 飛鳥山碑

作った時から難解で意味不明

飛鳥山公園を作った吉宗が、自身の功績を讃えるよう碑を作らせました。その文章は難解なうえ、文字も古字、異体字、石の傷を避けた斜めの字など読みにくく、これまで正解と言われる解釈がされたことがないというすごい碑です。江戸時代から「この花を　折るなだろうと石碑見る」と読めないことが笑いの種になってきました。

案内

そのまま遊歩道を進みましょう。少し先の右奥に観音像が見えま

す。さらに進んだ右側には植え込みの中に「水上赤鳥の歌碑」があります。また進むと、やはり東屋に覆われた「桜賦の碑」があります。

見どころ 06

桜賦の碑

佐久間象山の詩を勝海舟が碑に

「桜の賦」です。幕末の洋学者佐久間象山が、吉田松陰の密航未遂に連座して謹慎中に書いた詩で、実物は佐久間の故郷である長野市の真田宝物館にあります。佐久間は1864年に暗殺されますが、義理の兄弟であった勝海舟らが、明治になってその書をもとに碑を作り1881年に飛鳥山に建てます。その後工事で現在地に移されますが、その際に暗殺時に身につけていた血染めのポシェットが地下から見つかり話題になりました。ポシェットは今も碑の下に収められています。

案内

また遊歩道を進むと舗装がなくなり、土の広場になります。ここが飛鳥山の「山頂」でモニュメントがあります。方位表示版もあり、札幌や沖縄まで表示されています。山頂のケルン状の石には「標高二十五・四米（メートル）」とあります。ベンチもあります。北区はここを23区で一番「低い」山としたいようですが、国土地理院は認めていません。

広場は車いすでは通行しにくいので、その場合は入口で右側へ迂回してください。広場を抜けると、飛鳥山を王子駅側から登るための短距離ケーブルカー、「あすかパークレール」（通称アスカルゴ、10

時～16時）の山頂駅があります。車いすでも乗車可ですので、お時間があれば乗ってみて、また上ってきても良いでしょう。しかし繁忙期は行列する人気です。売りは短い乗車時間での車内アナウンスの声が、北区出身の倍賞千恵子さん、という点でしょうか（笑）。

アスカルゴ駅に向かって左の坂を下ります。ずっと下って歩道橋の脇に出ます。少し急なので車いすで心配な方は、「桜賦の碑」のところまで戻って緩いスロープを下ってください。歩道橋の脇にさらにスロープがあるので下ります。途中多機能トイレがあります。多少の階段は平気な方はスロープ途中の階段を下りて交番の脇に出ます。スロープで最後まで下りた方は左に向かい、交番前に出ます。

交番前の横断歩道を渡ります。ここは都電が頻繁に行き交って楽しいのですが、横断歩道途中にレールがあります。杖やヒールを挟まないようにご注意ください。また横断歩道が少し長いです。渡ったら右手の横断歩道をまた渡ります。

そのまま緩く下って横断歩道を渡ると、音無橋の袂に出ます。下はかなり深い谷です。今は音無親水公園になっていますが、かつては石神井川の本流でした。橋を渡ります。欄干には江戸時代の周囲の景色の絵が飾られています。渡った左側にエレベーター（24時間利用可）があるので下ってください。外に出ると上からのぞいた親水公園です。出たやや左手には、車いすでは厳しいかもしれませんが、水際まで近づけるスロープがあります。また右手には多機能トイレもあります。

音無橋交差点

左がエレベーター

おすすめごはんスポット BISTROT JUN

営11時30分～14時、17時30分～21時　休月曜、第３日曜　車いすの場合は予約を。入口に段差がありますが、入店を介助してくれます。☎03-5980-7210

https://www.facebook.com/people/Bistorot-Jun/100009443683110

ランチ1500円からとお手軽ながら帝国ホテルで修業したシェフの味は確か。店の外を都電が通り、音無親水公園も望める好立地。桜の時期は予約必須。

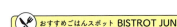

見どころ 07

音無親水公園

都会の渓谷で水遊びができる

石神井川の旧流路を渓流風に修景した公園です。石神井川はかつて飛鳥山公園の西側を通り、不忍池あたりまで流れて海に注いでいました。それがある日、東側の崖が崩れて東の隅田川に注ぐようになります。このため両側が急峻な渓谷になり、江戸時代は名所として知られました。崖がいつ崩れたのかは不明ですが、縄文時代ごろかもしれません。

戦後、石神井川の洪水を減らすために、この部分を通らず飛鳥山の下をトンネルで抜ける水路が作られ、洪水は減りましたが、この部分はドブ川のようになってしまいました。それを1988年に現在のように改修し、水に親しめる公園にすると同時に、自然環境の復元も図られています。こうした取り組みは「日本の都市公園100選」に選ばれています。

音無の名は江戸時代からあたりが音無川と呼ばれていたためで、これも熊野の地名に因んでいます。ちなみに滝野川という地名は、かつての音無川に多くの滝があったことから、その別名としてできた名です。

案内

先ほどのエレベーターで上に戻りましょう。来た道を進んで北区役所のある交差点まで行き、右手の横断歩道を渡ります。正面が大きな鳥居の王子神社です。正面には少しですが階段があるので、左側に回ります。

王子

おすすめお茶スポット　渋沢逸品館

営 10時～19時（土・日曜、祝日9時～18時）　休 水曜　☎ 03-5948-4661

https://shibusawa-world.net/　一部バリアフリー不対応

音無橋をくぐると左手にあります。「渋沢栄一翁が繋ぐ逸品」として地元の関連グッズを販売。テーブルといすがあり、パンやアイスなどを食べられます。具だくさん「お札パン」が人気。

見どころ 08 王子神社

熊野信仰の広がりを示す

元は王子権現という名でした。平安時代の創建とも言われますが、鎌倉時代末期に地元の豪族の豊島氏が熊野から若一王子を勧請し、王子権現社となりました。本殿正面の階段がスロープ化されている珍しい神社で、お賽銭をあげられます。境内に少しベンチがあります。東京は熊野とのつながりが深く、熊野神社という名の神社が多数あります。また境内にある関神社は蝉丸を祀り、かつら・髪結の祖神とされています。

案内 神社を出て右に行きます。最初の十字路をまっすぐ行きます。来た道から右へ曲がっていく下り坂が「権現坂」で、王子神社の本来の名前「王子権現」にちなみます。次の十字路もまっすぐで、ここの左右の坂は「王子大坂」。江戸時代は岩槻街道の一部で、将軍が日光に行く際の御成道でした。しばらく歩くと突き当たりに王子稲荷神社があります。

王子稲荷神社の入口は少し傾斜あり

見どころ 09 王子稲荷

近年「狐の行列」で話題に

こちらも平安時代からのいわれを持つ古社で、古くは岸稲荷と称しました。東国の稲荷の総元締めと言い、大晦日には東国中の狐が集まって行列をなすという伝説があります。これが「王子の狐火」です。また近年この伝承を再現した「狐の行列」というイベントが大晦日に行われています。落語の「王子の狐」の舞台でもあり、境内裏には狐穴があります。残念ながら本殿前には石段があり、お賽銭をあげることはできません。

GOAL!

案内

来た道を王子大坂まで戻り、左に下ります。少し急なのでお気をつけください。右側の狭いスペースに「王子子育地蔵尊」がありますが、お堂の前が駐車場なので通れないことがあります。戦国時代からあるとも言われる古い地蔵尊です。

　突き当たりを左で、すぐの信号交差点右角脇に「三本杉橋」と書かれた古い橋の親柱があります。小さいので見過ごさないように。岩槻街道はここで右に続いており、かつてはこの下に用水路が流れていて、その上にかかる橋の名が三本杉橋でした。

　JRのガード方面、右側をまっすぐ進みます。右に小さな「権現坂ポケットパーク」があり、江戸時代の地図や絵があり、ベンチもあります。

　ガードをくぐると左に「北とぴあ」（ほくとぴあ）があります。区の文化施設です。左側最初の横断歩道を渡ると、東京メトロ王子駅へのエレベーターがあります。下りて進むとスロープになり、下りた左に、珍しいエレベーター専用改札があります。切符の券売機はありませんのでご注意ください。ホームは赤羽岩淵側、2号車付近に出ます。まだ歩ける、という方は、王子駅前から「洋紙発祥之地」を訪ねてみてください。

傾斜のある道を下るので要注意

三本杉橋の親柱

王子子育地蔵尊

王子

足を延ばして　洋紙発祥之地

ゴールでメトロに下りず、すぐ脇の「北とぴあ前」交差点を、広い北本通りの向こうに渡り、右へ行きます。少し進んで歩道橋がありますのでその左脇の横断歩道を渡ります。目の前のパン屋さんの左脇に碑が建っています。近年の渋沢ブームで、後ろに詳しい解説板があります。渋沢が作った「抄紙会社」は碑の後ろ側、サンスクエアの敷地にありました。

江《え》戸《ど》城《じょう》外《そと》堀《ぼり》 コース

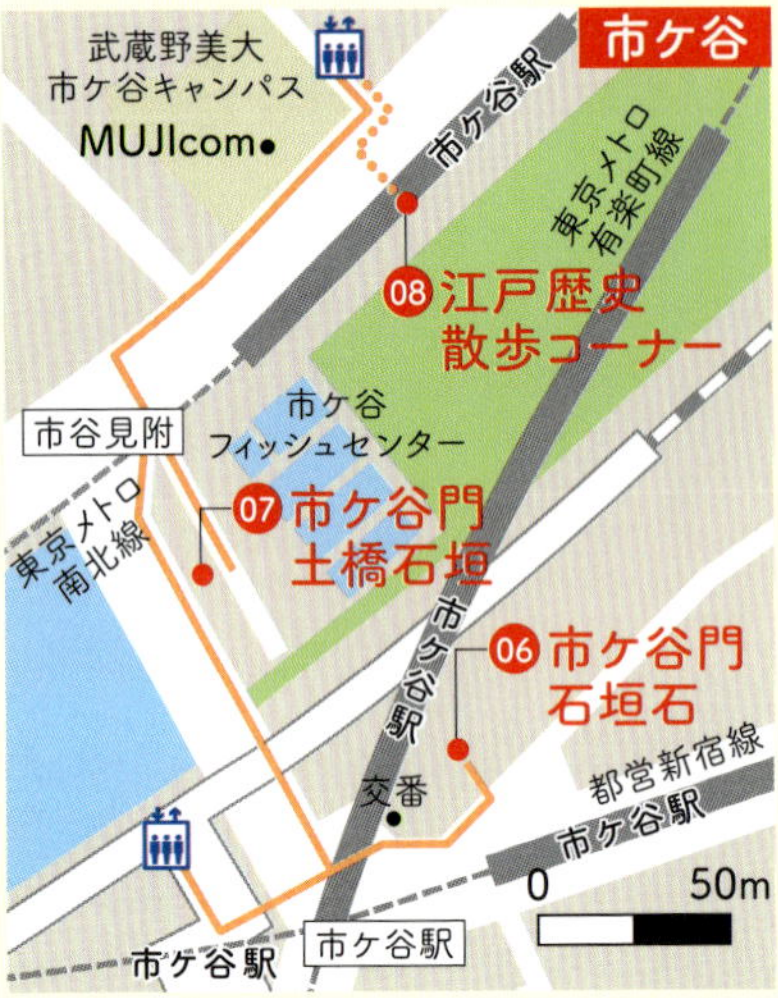

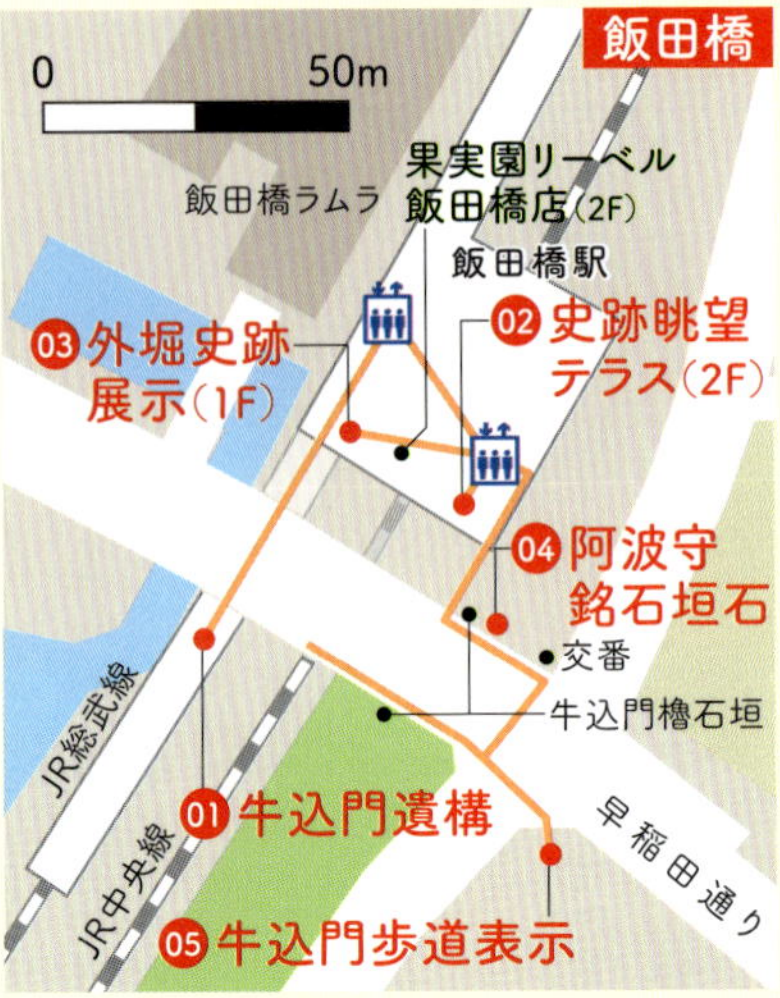

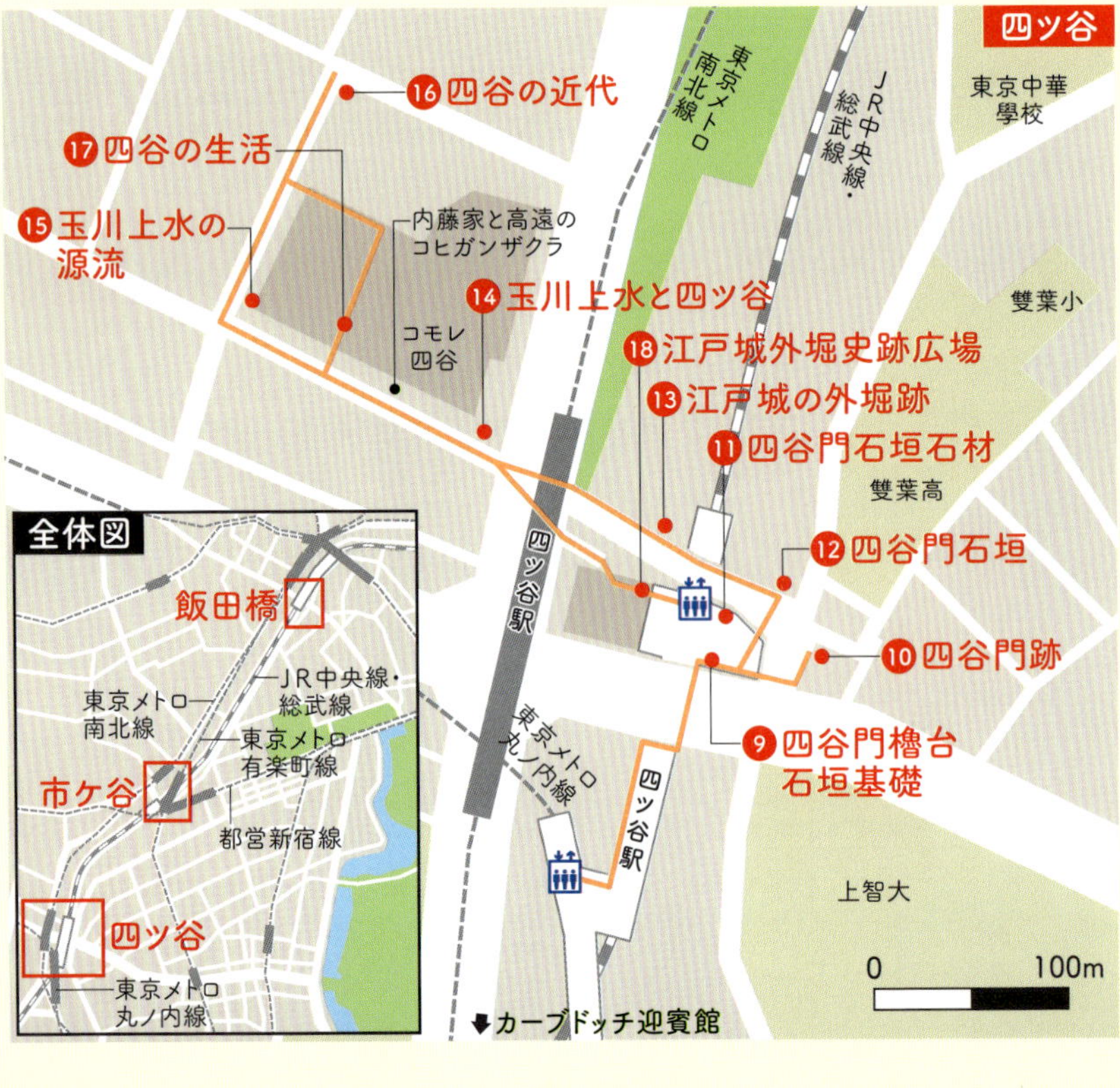

世界最大の巨城跡 駅はしご、エレベーター散策

2章で紹介した江戸城本丸は、皇居や北の丸、皇居外苑までも含んだ「江戸城内郭」のごく一部です。江戸城全体は、総延長16kmにも及ぶ外堀内を指し、現代でいうと千代田区と中央区のほとんどが含まれます。外堀は多くが消滅しましたが、JR飯田橋駅から東京メトロ赤坂見附駅近くまでは国の史跡に指定されて現存します。すべてを歩くととても長距離ですが、電車と駅をうまく使うと、石垣など遺跡が残るポイントを「段差ゼロ」で楽しめます。

外堀の歴史　江戸城の外堀は、ほぼ現在の千代田区境に沿って造られています。まず南側の溜池が飲料水用のダムとして造られ、その後北側の神田川が切り開かれてお茶の水の渓谷をつくり、最後に西側の大地をごっそり掘り進めて1636年に完成しました。半世紀に及んだ徳川氏江戸城構築の最後を飾る巨大工事でした。明治になると外堀の城門は不要となり次々に破壊されていきますが、新宿方面から都心に伸びる現在の中央線のルートとして、買収や土地造成が必要ないことから外堀が選ばれ、四ツ谷・市ケ谷・飯田橋・水道橋・浅草橋と、かつての城門の場所に駅も造られます（お茶の水・秋葉原は少しずれています）。ここではそのうち3か所、飯田橋・市ケ谷・四ツ谷を訪れます。

改良工事でホームが移動し駅舎も立派に

JR総武線飯田橋駅

ホームドア…〇　エレベーター…2　多機能トイレ（改札内）…2

見どころ 01

牛込門遺構

駅ホームから間近に見える江戸城石垣

駅のホームに降りた途端、すでに見どころがあります。飯田橋駅はかつての江戸城外堀牛込門の場所に造られており、近年の駅改良工事でホーム下から江戸時代の遺構が発見されました。ホームの新宿寄り部分からは広大な水面が見えます。かつての外堀ですが、これはここを流れていた川を土塁で堰き止めて造ったものです。その土塁＝ダムは飯田橋駅西口を横切る早稲田通りの土橋として残ります。そして溢れた水を下流へ流す部分には切り込みがあり、そこに橋を架けた江戸城側に牛込門がありました。明治になってその切り込み部分に鉄道を通したのが中央線・総武線です。見つかった遺構は、余水吐《よすいはき》の底を水の侵食から保護する石畳でした。多くはいまだにホームの地下に埋まっていますが、その部分がホーム床面の素材の違いとして示されています。また解説板がホームの柱に表示されています。7両目あたりにありますので、注意して見てみてください。そしてその場で新宿行き線路側を見てください。見事な石垣をホームから見上げることができます。これは牛込門の櫓《やぐら》台石垣です。この上に巨大な櫓が築かれていました。さらに5両目あたりで千葉行き線路側を見てください。駅に隣接する商業施設ラムラへ渡る橋の下、左奥の陰に外堀土橋の斜面があり、江戸時代の石垣が残っているのが見えます。

案内　エレベーターで西口改札階に向かいます。改札を出ると正面階段出口と左に階段出口がありますが、その間にエレベーターがあります。これに乗ってまず2

飯田橋駅ホーム床面の遺跡表示と解説板

牛込門櫓台石垣

橋の下に見える牛込門土橋石垣

階に行きましょう。

見どころ 02

史跡眺望テラス

改良工事で絶好の展望台に

近年、ＪＲ東日本はこの江戸城外堀の史跡案内整備に非常に熱心で、今回紹介するコースを見学して解説板を読むと専門書並みの知識を得ることができます。エレベーターを降りたすぐ右手には「甲武鉄道市街線の誕生」「牛込駅」「甲武鉄道国有化・複々線化と飯田橋駅」「牛込門・牛込駅周辺の変遷」という鉄道がらみの4つの解説板がガラス窓沿いに並んでいます。甲武鉄道とは現在の中央線の元になった鉄道です。また牛込駅はほぼ現在の飯田橋駅付近にあったかつての駅です。デッキの角には、「牛込門と枡形石垣」という解説板があり、眼下にその旧江戸城外堀牛込門の石垣を俯瞰できます。さらにその先のデッキは江戸城外堀を鉄道とともに見下ろせる絶景ポイントです。

案内 エレベーターに戻って改札階で降り、左側に回り込んでいくとここにもデッキがあり、その右隅にも解説板や展示物があります。

見どころ 03

外堀史跡展示

江戸城外堀の詳細な展示

ここは外堀を望んで「江戸城」「江戸城外堀」「牛込・赤坂間の江戸城外堀の工事方法」「外堀の変遷」の、外堀メインの4つの解説板が並び、その右隣に大きな敷石のようなものが置いてあります。これが先ほどホ

飯田橋駅２階テラスの解説板

飯田橋駅２階から見た牛込門石垣

飯田橋駅２階からの外堀眺望

おすすめお茶スポット　**果実園リーベル　飯田橋店**

営8時～21時　休年始　車いすOK
03-6256-8333　http://kajitsuen.jp
2階にあります。とにかく果物が美味しい店で、パフェなどはもちろん、軽食もあります。

ームで紹介した余水吐の底を保護する石畳の一つです。さらにその右には「史跡外堀跡周辺案内図」「江戸城外堀跡散策案内図」があり、もう至れり尽くせりです。

案内
またエレベーターに戻るか、その脇のスロープで下りるかして早稲田通りに出ます。エレベーター後ろの柱に「外堀土塁」「牛込門枡石垣の構造」という解説板があります。出たら歩道を左に行きます。すぐ左に大きな石が置いてあります。

見どころ 04 外堀史跡展示

大名が功績を刻んだ巨石

字が横倒しになっていますが、「阿波守内」と読めます。この牛込門は1636年に阿波徳島藩の蜂須賀忠英《ただてる》が建設しており、その功績を門の石垣内に刻んでいました。牛込門が撤去されたのち、地中からこの石が見つかり、文献資料と遺物が一致する貴重な石としてここに置かれました。

案内
石垣石の隣は交番で、その先は早稲田通りの交差点です。これを右斜め向かいに渡りましょう。正面の飯田橋サクラテラス建設に伴ってできた広い広場になっています。渡ったら歩道を注意して見てください。

見どころ 05 牛込門歩道表示

外堀門の壮大さを路面で表示

江戸城の城門は枡形門という形式で、これは石垣で囲まれた巨大な四角い空間に2か所の門を設けて出入りしたものです。広場には、その枡形の範囲が路面の舗装の違いとして表示されています。黒い石の縁取りで囲まれた自然石の舗装面部分は石垣の下でした。

案内
駅方面を振り返ると、交番の左向かいに大きな石垣があります。この部分が、最初にホ

「阿波守内」と書かれた石

牛込門枡形を示す路面舗装

ームから見上げた櫓台石垣の上部です。早稲田通りの土橋の方に進むと線路を跨ぐ手前に解説板があり、明治初期に撮影された、門があった頃の写真を見ることができます。橋の上から外堀を再度眺めたらまた駅に戻りましょう。

総武線に乗り隣の市ケ谷駅に向かいます。市ケ谷駅は8号車付近に改札階へ行くエレベーターがあります。改札内に多機能トイレがあります。改札に向かうと床面に詰碁の問題が描かれています。市ケ谷駅は日本棋院の最寄駅です。

改札を出て左に行きます。正面は階段ですが左にスロープがあります。駅前の市ケ谷駅交差点を渡って、目の前の市ケ谷見附交番の前を通り過ぎます。地下道入口の先、左側に公園入口があり、正面のトイレ左側に石と解説板があります。

見どころ 06

市ヶ谷門石垣石

外堀改修で出てきた石

市ケ谷駅前の交差点あたりに市ヶ谷門がありました。このあと下りていく市ヶ谷門土橋、現靖国通りの脇の外堀改修で発見された大きな石垣石を置いてあります。

案内

交番前まで戻り、線路を跨ぐ橋の手前側を下りて行きます。最初の歩道部分は狭く、またやや急なので車いすの方はご注意を。車道部分は靖国通りです。下りきったら右側に下る道に入ります。ここも急ですので車いすお一人の場合はご注意ください。堀の一部が釣り堀になっていますが、注目してほしいのは今下りてきた歩道の下の土橋部分です。季節によっては草で覆われているかもしれませんが、一面が巨大な石で覆われています。

江戸城外堀

見どころ 07 市ヶ谷門土橋石垣

土橋一面に江戸時代の石垣

市ヶ谷門が城外と通じていたのはこの土橋部分でした。土橋の法面には石垣が貼られていましたが、現在は東側部分だけが残っています。江戸時代の巨大な石垣石に触れられる貴重な場所です。工事の際につけた目印、刻印のついた石も見ることができます。

案内 市ケ谷駅から下りてきた「市谷見附交差点」に戻り、向こう側に渡って右に行きます。脇の車道は外堀通りになります。左側の武蔵野美大市ヶ谷キャンパスを過ぎた左のビルに、東京メトロ市ケ谷駅入口のエレベーターがあります。下って右に行き、改札から入ります。すると正面に「江戸歴史散歩コーナー」との看板があります。

市ヶ谷門土橋石垣

見どころ 08 江戸歴史散歩コーナー

南北線建設時の発掘成果など

東京メトロ南北線は、永田町—飯田橋の区間が外堀と重なり、その工事の際に多くの遺構が地下から見つかりました。その成果が写真や地図・資料で詳細に解説されています。外堀工事後の浚渫《しゅんせつ》工事や地震による被害なども解説されており、お城ファンにはたまらないコーナーです。

案内 コーナーの向かいに南北線ホームに下るエレベーターがありますので下りて南北線に乗り、隣の四ツ谷駅に行きます。一番前に乗ってください。降りたらエレベーターで改札階に行き、さらに右方向の赤坂方面改札階行きエレベーターに乗り継いで地上階に出ます。ここで丸ノ内線に乗り換えができ、多機能トイレもあります。改札を出て右側に進んでください。広い橋の脇に出ますが、これは四谷見附橋。下を総武線・中央線が通

江戸歴史散歩コーナー

おすすめごはんスポット **MUJI com 武蔵野美術大学市ヶ谷キャンパス**

営 11時～19時30分（物販10時～20時） 休 無休
03-5206-3390
https://www.muji.com/jp/ja/shop/detail/045789
武蔵野美術大学1階にあり、無印良品とカフェが併設されており、デリやスイーツが人気です。

ります。この線路部分がかつての江戸城外堀です。橋を右に行き、「四谷駅前」交差点で反対側に渡りますが、渡る前に橋の右脇を見ておいてください。数メートルの高さがありそうな三角形の壁が立ちはだかっています。これは外堀内側に築かれた土塁の断面です。この向こうに延々と続いており、上には桜が植えられて今はお花見の名所です。さて渡った目の前がＪＲ四ツ谷駅の麹町口駅舎です。少し左側に進むと駅舎の壁に解説板があります。その左脇から下を覗き込みましょう。下の方に大きな石が見えます。車いすの高さでも欄干の隙間から見えると思います。これは牛込門で見た櫓台石垣の基礎部分です。

四谷土塁

見どころ 09

四谷門櫓台石垣基礎

江戸城城門の基礎石垣が残る

ここの解説板は区などではなくＪＲ東日本です。以前は草が生い茂って見にくかったのですが、近年はきれいに整備され、案内板もできました。解説にはかつての石垣の高さなどが現在の写真と併せて表示されるなどとてもわかりやすいです。

案内

麹町駅舎前に戻り、麹町方面への横断歩道を渡りましょう。左側に多機能トイレがありますが、この場所にかつて、江戸城外堀四谷門が建っていました。トイレ脇の舗装を見てください。牛込門と同じようにかつての門の石垣があった部分がわかるように、石垣だった部分が黒い石で縁取りされています。

欄干から下を覗く

外堀内に作られた四ツ谷駅

見どころ 10

四谷門跡

甲州街道と玉川上水が通る重要門

トイレの奥脇に「四谷門跡」というこちらは千代田区の解説板があります。四谷門は甲州街道と玉川上水が通る重要な門でした。江戸時代の甲州街道は堀の前で左に曲がり、右に曲がって土橋を渡って四谷門内に入り、また右に曲がって左折して続く凸形の道でした。敵が侵入しにくくするためです。この付近は元々平坦な地形で、西側から攻められると一気に江戸城中枢まで攻め込まれかねない弱点でした。そのため、1636年、地面を10mほども掘り下げて人工の谷を造り、台地を断ち切った江戸城最大級の工事場所です。

案内 トイレ脇から見えた石垣の方へ、駅舎の前を通り、さらに横断歩道を渡りますが、渡る前に左側の駅舎脇を見てください。巨大な石が転がっています。

見どころ 11

四谷門石垣石材

駅舎工事で出てきた石が展示

脇に「四谷門枡形石垣に用いられた石材」とのJRの解説板があります。この石が遠く伊豆などから運ばれてきたことが解説されています。

案内 横断歩道を渡って石垣の前に立ちます。

見どころ 12

四谷門石垣

かろうじて残る四谷門石垣

大きな石垣ですが、近づくとセメントで補修されていたり、大きくずれていたりと、あまりいい状態でないことがわかります。石垣の上には大きな木が生え、おそらく江戸時代からのもの

です。門の石垣に木が生えるのは本来あまりいいことではないので、すでに江戸時代に管理が疎かになっていたのですね。ここから先も土塁が続き、上は桜の名所です。

案内 石垣前の歩道を線路方向に進んでいきます。この橋が江戸時代の甲州街道です。先ほど渡った四谷見附橋は明治になって架けられた橋です。右下に線路を眺めながら進みます。右後ろに振り返って見える松の木が多くある斜面は、江戸時代の外堀斜面の姿をよく残しています。橋の先の脇に国史跡「江戸城外堀跡」の解説板があります。

国史跡の江戸城外堀

江戸城外堀が残っている飯田橋駅西口から赤坂見附の部分は国の史跡に指定されています。仏像などでいう「重要文化財」と同等ということになります。ここには玉川上水が現役だった時代や、甲武鉄道開業直後の写真が展示してあります。

案内 そのまま進んで広い外堀通りを渡ります。右手の高層ビル「コモレ四谷」の左をまっすぐ進みます。緩い上り坂です。小さな人工のせせらぎの脇に玉川上水の解説板があります。

四谷を通っていた玉川上水

玉川上水は1653年に造られ、以後江戸100万人の飲み水を明治まで支えました。多摩川の羽村取水堰から43㎞もの水路を造り、現在の四谷4丁目からは暗渠となって江戸市内へ通じていました。外堀を渡るには木製の巨大な水道管が3本作られ、四谷門へ通じる

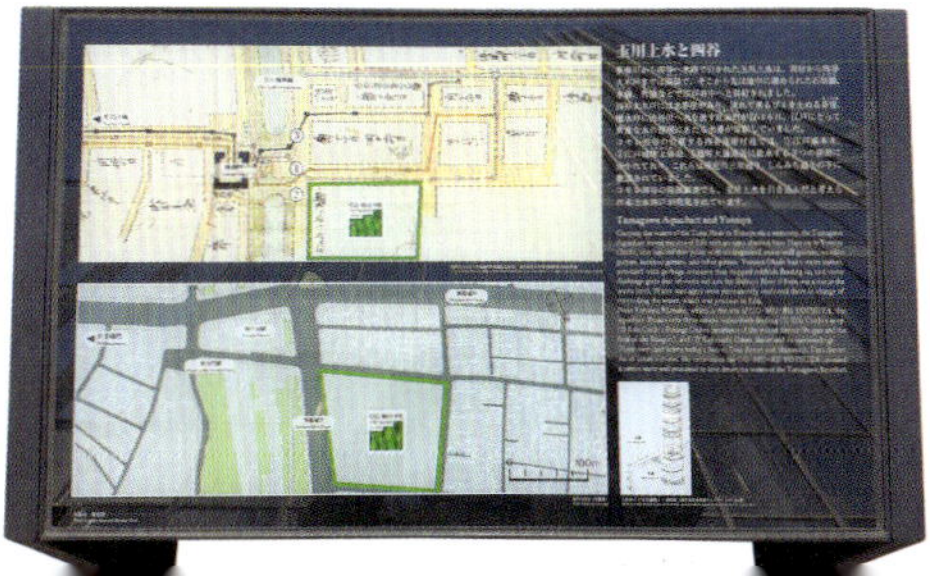

土橋の脇を通っていました。解説板に絵図面が描かれています。

案内　さらにせせらぎ脇を進むと、途中と最後と2つ解説板があります。一つが「内藤家と高遠のコヒガンザクラ」、もう一つが「玉川上水の源流」です。

見どころ 15 玉川上水の源流

江戸を支えた水道網の詳細

内藤家は新宿で訪れた新宿御苑を屋敷としていた大名家で、玉川上水との関わりがあります。「玉川上水の源流」には玉川上水の流路の全体図があります。

案内　コモレの裏に回ります。こちら側には緑豊かな公園があり、建物も緑化されています。敷地の端まで行くと「四谷の近代」という解説板が角の茂みにあります。

見どころ 16 四谷の近代

鉄道と街道で賑わった四谷

明治以降の四谷についての解説がありますが、その後ろにある小さな石垣は、ここで発掘された江戸時代の側溝を再構築したものです。

案内　来た道を少し戻って公園内に入ります。芝生広場の前にビル内を通り抜ける通路があるので、その右手前の自動ドアへ入ります。通路を抜ける手前右側に、再開発の際の発掘での成果などが詳細に掲げてあります。

見どころ 17 四谷の生活

江戸時代の土地権利図も

「コモレ四谷」は学校跡地や公務員宿舎など公的な土地が多かったので、歴史表示など実に充実しています。ここでは発掘された江戸庶民の生活道具、地下の麹室、土地権利図と発掘状況

江戸時代の側溝の石垣

見どころ 18

江戸城外堀史跡広場

の対比など、珍しい展示がいくつもあります。

案内 建物を出ると先ほどの水路です。左に行きJR四ツ谷駅に戻ります。外堀通りを対角線に渡り、先ほど渡ってきた橋の右側の坂を下って駅舎内に入ります。やや急な坂で人通りも多いので、お気をつけください。改札前をやり過ごすと、右手に「江戸城外堀史跡広場」があります。

展示の熱量に圧倒される

JR四ツ谷駅舎下の壁面と床面には、江戸城外堀や四谷門、さらに外堀を利用して通された甲武鉄道（現在の中央線）についての詳しい展示があります。ミニ博物館並みの展示で、JR東日本のものすごい熱量を感じます。全部読むと1時間どころではないでしょう。このコースを通して歩き、詳細に掲示物を読めば、間違いなく江戸城外堀通になれます。

江戸城外堀史跡広場の詳細な展示

案内 お帰りは、JRを利用する方はそのまま麹町口の改札を通るとホームへのエレベーターが総武線・中央線双方にあります。また改札内に多機能トイレがあります。東京メトロを利用する方は、改札からコモレ側に少し戻って左側に行くと、四ツ谷駅ビルのアトレ1階に出るエレベーターがあります。そこから先ほど渡った「四谷駅前」交差点で四谷見附橋を渡り、市ケ谷駅からやってきた改札に行きます。丸ノ内線ホームにもエレベーターがあります。アトレを出て右に行ってしまうと階段があって上れません。

おすすめごはんスポット カーブドッチ迎賓館

営9時～17時　休水曜　車いすOK　03-6455-4380

https://www.geihinkan.go.jp/akasaka/visit/rest_area/

国宝迎賓館前にある休憩施設です。無料休憩所の併設なので、飲食をしなくても休めます。多機能トイレあり。新潟のワイナリー「カーブドッチ」の運営でお酒も飲めます。

黒田 涼（くろだ・りょう）

1961年神奈川県出身。作家・江戸歩き案内人。新聞記者や編集者を経て、現代東京に残る江戸の姿を探し出すおもしろさに目覚め、2011年に作家として独立。歴史の痕跡を、歩いて、探して見出すフィールドワークにこだわりつつ、文章や街歩きツアー、メディアでその魅力を伝える。守備範囲は東京23区から全国の城下町へ拡大中。扱うテーマも、江戸・東京の街の構造、江戸城・大名屋敷跡地、人物足跡、各種発祥の地、神社仏閣、旧軍用地・事件現場、鉄道、巨樹など幅広く、知識と記憶の宝庫。江戸歩きのガイドツアー講師は、年間70日に及ぶ。NPO法人「江戸城天守を再建する会」特別顧問。近著は『日本百城下町』（笠間書院）。「note」（https://note.com/kuroda0805/）で連載記事を掲載中。

装　　丁　エムアンドケイ　茂呂田 剛

地図制作　マップデザイン研究室　齋藤直己　鶴谷紀子

編　　集　原田百合子

のんびりぶらり。やすみながらの約3時間
段差ゼロの東京歴史さんぽ

2024年11月27日　第1刷発行

著　　者　黒田 涼

発 行 人　鈴木善行

発 行 所　株式会社オレンジページ
〒108-8357　東京都港区三田1-4-28　三田国際ビル
電話03-3456-6672（ご意見ダイヤル）
048-812-8755（書店専用ダイヤル）

印刷・製本　TOPPANクロレ株式会社

ISBN978-4-86593-695－7